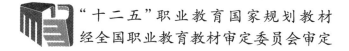

"十二五"职业教育国家规划教材
经全国职业教育教材审定委员会审定

Chengshi Guidao Jiaotong
城市轨道交通
Diandong Lieche Guzhang Yingji Chuli
电动列车故障应急处理

毛昱洁　刘宏晨　**主编**
吴帆帆 [长春轨道客车股份有限公司]　**主审**

人民交通出版社股份有限公司
China Communications Press Co.,Ltd.

内 容 提 要

本书为"十二五"职业教育国家规划教材,经全国职业教育教材审定委员会审定。其主要内容包括:绪论,牵引系统故障应急处理,制动系统故障应急处理,车门系统故障应急处理,高压回路故障应急处理,辅助电源故障应急处理,空气制动及风源系统故障应急处理,广播及乘客信息系统故障应急处理,走行部故障应急处理。

本书可供高职、中职院校城市轨道交通专业及相关专业教学选用,亦可供行业相关培训使用。

* 本书配有教学课件,读者可于人民交通出版社股份有限公司网站下载。

图书在版编目(CIP)数据

城市轨道交通电动列车故障应急处理 / 毛昱洁,刘宏晨主编. —北京:人民交通出版社股份有限公司,2015.9

"十二五"职业教育国家规划教材

ISBN 978-7-114-12385-6

Ⅰ. ①城… Ⅱ. ①毛… ②刘… Ⅲ. ①城市铁路—轨道交通—电力动车—交通运输事故—事故处理 Ⅳ. ①U239.5

中国版本图书馆 CIP 数据核字(2015)第 156443 号

"十二五"职业教育国家规划教材

| 书　　名：城市轨道交通电动列车故障应急处理
| 著　作　者：毛昱洁　刘宏晨
| 责任编辑：袁　方　周　凯　潘艳霞
| 出版发行：人民交通出版社股份有限公司
| 地　　址：(100011)北京市朝阳区安定门外外馆斜街3号
| 网　　址：http://www.ccpress.com.cn
| 销售电话：(010) 59757973
| 总 经 销：人民交通出版社股份有限公司发行部
| 经　　销：各地新华书店
| 印　　刷：北京市密东印刷有限公司
| 开　　本：787×1092　1/16
| 印　　张：9.75
| 字　　数：215 千
| 版　　次：2015 年 9 月　第 1 版
| 印　　次：2020 年 1 月　第 2 次印刷
| 书　　号：ISBN 978-7-114-12385-6
| 定　　价：30.00 元

(有印刷、装订质量问题的图书由本公司负责调换)

前言

根据教育部相关教学标准，本书编写人员在认真学习领会有关文件的基础上，结合当前职业教育发展和城市轨道交通行业发展的实际情况，编写了本书。

本书的主要特色有：

1. 在培训理念、技巧及课程开发等方面，本书编写人员曾接受香港铁路有限公司培训部的强化培训，在编写过程中，编写人员突破以往教科书的编写模式，内容上注重理论与实操相结合。

2. 为了突出其实用性，编写人员在仔细分析企业岗位技能方面的具体要求的前提下进行了任务设置，在本书教学目标的前提下，强调以学生为中心，突出职业教学培训的特点。

3. 在某些知识点的介绍上，本书是以全国目前最先进、最典型的案例来介绍的，并配有大量的实物图片，以便于学生能更感性地认知。

4. 为方便教学，每个项目结束后，学生可通过实训练习及思考与练习进行自我考核，从而及时检查学习效果。

5. 本书编写全程体现了"工学结合、校企合作"的理念，由行业专家、学者全面参与本书的编审。

本书由北京交通运输职业学院毛昱洁和济南铁路高级技工学校刘宏晨担任主编，由长春轨道客车股份有限公司吴帆帆担任主审。具体编写分工如下：绪论、项目一、项目二、项目四和项目七由毛昱洁编写，项目三和项目五由北京市地铁运营有限公司吴捷编写，项目六和项目八由刘宏晨编写。此外，本书还得到地铁司机朋友的帮助，在此致以深切的谢意！

由于时间仓促，再加上水平有限，书中错误在所难免，希望读者批评和指正，以进一步改进并提高本书质量。

编　者

2015年6月

目录 MULU

绪论	1
项目一 牵引系统故障应急处理	4
知识准备:牵引系统构成与特点	5
任务一 全列牵引无流的应急处理	11
任务二 单车牵引无流的应急处理	18
思考与练习	21
项目二 制动系统故障应急处理	23
知识准备:制动系统控制原理	24
任务一 紧急制动不缓解的应急处理	28
任务二 常用制动不缓解的应急处理	33
任务三 停放制动不缓解的应急处理	38
思考与练习	43
项目三 车门系统故障应急处理	44
知识准备:车门控制系统	45
任务一 全列车门打不开的应急处理	52
任务二 全列车门关不上的应急处理	58
任务三 单节车门打不开的应急处理	62
任务四 单个车门关不上的应急处理	66
任务五 门灯显示故障的应急处理	70
思考与练习	73
项目四 高压回路故障应急处理	75
知识准备:高压回路系统	76
任务一 接触轨无电/高压回路接地的应急处理	83

任务二　全列受电弓无法升弓的应急处理 …………………………………… 87
　　思考与练习 ……………………………………………………………………… 92
项目五　辅助电源故障应急处理 ………………………………………………… 94
　　知识准备：辅助电源系统及控制原理 …………………………………………… 95
　　任务一　单台 SIV 故障的应急处理 …………………………………………… 101
　　任务二　两台 SIV 故障的应急处理 …………………………………………… 107
　　思考与练习 ……………………………………………………………………… 111
项目六　空气制动及风源系统故障应急处理 …………………………………… 112
　　知识准备：电动列车空气制动及风源系统 …………………………………… 113
　　任务一　空压机不启动的应急处理 …………………………………………… 119
　　任务二　空气管路泄漏的应急处理 …………………………………………… 125
　　思考与练习 ……………………………………………………………………… 127
项目七　广播及乘客信息系统故障应急处理 …………………………………… 129
　　知识准备：广播及乘客信息系统 ……………………………………………… 130
　　任务一　自动广播不报站的应急处理 ………………………………………… 133
　　任务二　客室 LCD 屏不显示的应急处理 …………………………………… 138
　　思考与练习 ……………………………………………………………………… 141
项目八　走行部故障应急处理 …………………………………………………… 142
　　知识准备：走行部工作原理 …………………………………………………… 143
　　任务　车轮不转的应急处理 …………………………………………………… 145
　　思考与练习 ……………………………………………………………………… 147
附录　中英文对照表 ……………………………………………………………… 148
参考文献 …………………………………………………………………………… 149

绪　　论

电动列车司机是城市轨道交通线路运营的重要参与者。电动列车司机的工作既要严谨、守时，又要有条不紊，以保证列车正常、正点、安全地运行在轨道线路上。一名合格的电动列车司机不仅应具备独立驾驶电动列车的能力，而且能在运营线路或非运营线路上独立从事电动列车的检查、试验、应急故障及突发事件处置等作业，当列车出现故障时，能及时处理。

现在绝大多数城市轨道交通线路均采用列车自动控制系统，大大提高了区间列车的通行能力和运行安全性。列车自动控制技术可使列车实现自动驾驶、全程的网络监控及列车自动保护，从而使电动列车司机的操作变得简单化、流程化，并对岗位提出新的要求。例如：双司机驾驶列车正在逐步转变为单司机驾驶列车，对司机的专业知识、技能、心理素质、故障处理能力、操作水平有更高要求；列车逐步实现网络控制，司机操作列车变得简单，但对列车网络控制以及出现故障时的处理能力有了更高的要求。

一、故障处理的注意事项

电动列车从功能设计到零部件选材、组装，都以确保行车安全为基本出发点，但任何设备都会出现故障，列车正线驾驶过程中出现的故障应由司机来进行应急处理，以保证地铁线路正常运营。

1. 及时汇报

电动列车司机在正线上驾驶列车运行的过程中，应严格按照列车运营图规定的运行时刻操纵列车，当发生故障，需要停车处理的，都应及时查明情况并向行车调度员汇报。正线上运行的列车多时有几十辆，如有列车停车处理故障，则有可能影响后续其他列车的运行。在这种情况下，必须由行车调度员根据司机汇报的情况，结合线路实际状况，统一实施行车组织，保证乘客运输任务的顺利完成。

2. 时间控制

作为司机，遵守时间是最基本的职业道德。城市轨道交通系统的计时单位一般精确到"秒"，那么电动列车司机的时间观念显得非常重要。

运营期间，列车在正线出现故障无法动车时，将造成行车中断，对全线运营造成较大的影响。高峰时间，运行中的前后车相差不到两分钟，一辆车几分钟的延误可能造成后续几十辆车的十几分钟甚至几十分钟的延误，因此，司机在处理故障时，必须做好时间控制，将故障影响控制在可控范围内。

3. 安全操作

电动列车司机在处理故障时，必须按照操作规范，安全合理地进行各项动作，在保证自身安全的同时，防止使故障进一步扩大。例如：到车下作业务必穿戴防护用品，并携带相关工具;断、合相关保险或开关前必须确保列车其他设备或元件在正确位置;故障处理完毕后,应结合列车实际运行条件,采取合理的速度驾驶列车。

4."应急"为主

电动列车运营过程中发生故障时,要求司机做到"应急"处理,即在有限的时间内根据实际情况,或消除故障对列车继续运行的影响,或因为对故障暂时没有很好的解决方法而通过处理使列车暂时维持运行,或请求救援。不论是哪种程度的故障,均要求司机对线路情况、列车维持运行的状态有清醒的判断,充分考虑故障的综合影响,尽量缩小故障对正线运营秩序的影响。

二、故障处理的基本技巧

为了减少电动列车故障的处理时间,提高故障处理效率,司机应快速分析和判断故障情况,合理使用列车各项功能,正确完成故障的应急处理。

1. 故障恢复法

列车监控显示屏、各仪表和指示灯是"司机—列车"交互的重要途径,司机要能根据以上设备的显示内容,确定故障发生的部位,检查相关设备有无异常。例如操纵台上按钮和开关位置不正确、控制柜内保险开关断开等,可以通过恢复其状态和功能达到排除故障的目的。

2. 故障切除法

有些故障会直接影响列车的驾驶性能和安全性能,遵循"故障导向安全"的理念,在任何一个环节、任何一个点上检测到问题,列车系统都会按照这一设计原则,采取自动导向安全的应对措施,如列车限速运行或停止运行。司机要能通过故障现象准确查找故障点,通过切除故障设备、禁止其工作的方法来维持列车运行,减小列车故障对运营的影响。例如,单个车门不能关闭而影响发车时,可以采取隔离该车门的方法以确保列车继续运行。

3. 旁路法

列车的牵引控制电路、车门控制电路中一般都设有旁路开关,如果故障导致某项功能不能实现时,可以采取短接旁路开关的方法以实现必要的功能,维持列车运行。例如,车门全关的继电器故障而不能监测到全列车门已经关好,可以使用关门旁路。诸如此类的还有零速旁路、紧急制动短路开关、门使能旁路等。

4. 重启法

当前的电动列车基本采用计算机控制、网络控制等技术,在控制信号或通信信号发生误差时会造成信息传输紊乱,影响列车某些设备的正常使用。在这种情况下,可以采用重新启动列车或重新启动相关设备的方法来恢复相关功能。例如,乘客信息显示系统卡死,可以通过重启电源保险开关来消除故障。

三、故障处理的素质和能力

1. 观察能力

指大脑对事物的观察能力,如通过观察发现新奇的事物等,在观察过程对声音、气味、形态、变化等有一个新的认识。观察具有目的性、条理性、理解性、敏锐性和准确性。电动列车司机在操纵列车的过程中,要随时注意列车内部状态的显示(通过观察列车监控显示屏、指示灯、仪表等获得)和外部环境的变化,确保列车安全、稳定运行。

2. 安全导向

安全是地铁运营的第一标准,国内外轨道交通运输都把行车安全放在突出位置。行车安全的质量指标是衡量轨道交通运营管理的重要环节,是列车运行的永恒主题。电动列车司机在执勤过程中必须时刻牢记"安全第一、预防为主"的运营宗旨,确立安全行车和服务乘客的思想意识,尽量将故障消除在萌芽状态,减少和消除由各种因素造成的不良后果。

3. 应变能力

应变能力是指人在外界事物发生改变时做出的反应,可能是本能的,也可能是经过思考过程后所做出的决策。应变能力强调能在变化中产生应对的策略,根据情况随机应变、辨明方向。电动列车司机要具备良好的应变能力,随时处于警觉状态,做好处理故障发生的准备,在受到干扰时迅速处理,保证行车安全。

4. 心理素质

心理素质与行车安全有着密切的关系。电动列车司机的驾驶承载着上千名乘客的安全,司机一定会有不同程度的心理压力,在故障发生后,司机更有可能产生胆怯心理、急躁心理、焦虑心理等,这些不良情绪会给故障处理带来极大隐患,不仅不会在规定的时间内解决问题,更会使问题进一步扩大。合格的司机必须能够及时、积极地消除和控制自己的不良情绪,保持良好的心理状态,为乘客提供安全、便捷、温馨的乘车服务。

5. 责任意识

责任意识指个人对自己和他人、对家庭和集体、对国家和社会所负责任的认识、情感和信念,以及与之相应的遵守规范、承担责任和履行义务的自觉态度。电动列车司机作为城市轨道交通车辆的第一线操作者,必须有高度的服务意识、安全意识、奉献意识,了解到地铁运营企业的核心性质——服务,能从工作中找到自身的价值,兢兢业业、不计"小我",这样才有可能确保地铁运营的正常进行。2003年,在韩国大邱地铁火灾事故中,一名司机拔掉列车钥匙自己先行逃生,就是责任意识极其淡薄的表现,受到全社会的谴责。

6. 顾客导向

顾客导向是指以满足乘客需求、增加乘客价值为地铁运营企业的出发点,在服务过程中,特别注意乘客的偏好,重视运营服务手段的创新,以动态地适应乘客的需求。而电动列车司机作为直接与乘客沟通交流的群体之一,必须将乘客服务置于工作的出发点,在故障发生后,尽可能地对从乘客服务出发,负起应有的责任。

7. 沟通能力

沟通能力指一个人与他人有效地进行信息交流沟通的能力。电动列车驾驶虽然是司机的个人行为,但在驾驶过程中,司机应能积极主动地与车上乘客进行沟通,正确表达行车必要信息,使乘客获得良好感受,提高服务质量。司机的沟通能力在故障发生时尤为重要。

项目一　牵引系统故障应急处理

【项目说明】

　　牵引系统是城市轨道交通电动列车实现运行的重要系统,是列车动力的来源。不论列车采用何种编组形式,牵引系统最终都是控制所有牵引电动机工作,为列车提供所需的牵引力和电制动力。运行中列车的牵引系统若发生故障,将直接影响列车的运营能力,降低地铁企业的运营水平。因此,能否快速、高效、准确地对各类牵引系统故障进行应急处理,保证列车完成当时、当次或当天运营,是检验司机业务能力和技能水平的重要考核项目。

　　通过本项目的学习和训练,学生掌握牵引系统故障的判断和分析方法,能在规定时间内处理主要几类牵引系统故障。

【知识目标】

1. 掌握牵引系统的组成、功能、主要部件的结构和控制关系。
2. 掌握牵引系统故障的应急处理原则及要求。
3. 掌握牵引系统主要故障的判断和应急处理方法。

【能力目标】

1. 能正确判断牵引系统故障。
2. 能按规定进行牵引系统故障时的应急处置。

【素质目标】

1. 培养良好的抗压能力。
2. 培养时间观念。
3. 培养独立分析问题的能力。
4. 培养动手解决问题的能力。

【建议学时】

　　8 课时:理论 4 课时,实训 4 课时。

【实训条件】

　　列车驾驶模拟器(具有牵引系统主要故障模拟,并能随机设置不同的故障点)。

知识准备：牵引系统构成与特点

正常情况下，司机通过司机控制器操作列车牵引，输出无级牵引控制指令PWM(Pulse Width Modulation，脉冲宽度调制)，控制全列VVVF(Variable Voltage and Variable Frequency，变频变压)装置(这里指牵引逆变器)，输出电压、频率可调的三相交流电，供给牵引电动机驱动列车运行。

列车的牵引系统由牵引高压系统和牵引控制系统组成。牵引高压系统包括：受流器、熔断器、主开关箱、母线开关箱、母线断路器、断路器箱、滤波电抗器、VVVF牵引逆变器、主电动机、制动电阻和接地开关箱等。牵引控制系统包括：司机控制器、PWM发生器和各种继电器等。

1. 牵引高压系统

如图1-1所示的牵引系统主电路原理图，当电网电压在额定范围内变化时，主电路能正常工作。牵引工况时，列车通过受流器接受直流电，经主隔离开关(MQS)、主熔断器(MF)、高速断路器(HB)、充电接触器(KM1、KM2)、滤波电抗器(FL)进入VVVF逆变器，即图中的INVMK1和INVMK2单元，再供给牵引电动机(1M01、1M02、1M03和1M04)驱动列车运行。

当高速断路器HB闭合，司机控制器给出牵引指令，充电接触器KM2闭合，牵引主电路通过充电电阻CHRe对滤波电抗器FC充电，当滤波电容器两端的电压达到电网电压的80%以上时，充电结束，充电接触器KM1闭合，短接充电电阻CHRe，列车启动。逆变器通过改变输入牵引电动机的电压及频率，从而控制电动列车的运行速度。

常用制动工况时，牵引电动机变成发电机状态，将列车的动能变为电能，经列车设备整流成直流电反馈于接触网或接触轨，供列车所在供电区段上的其他列车牵引用和供给本车的其他系统(如辅助电源系统)。如果制动列车所在的供电区段内无其他列车吸收该制动电能，则网压将迅速上升，当网压达到最大设定值时，过压吸收电阻(RB01和RB02)被打开，将制动电能转变为电阻的热能消耗掉。

 **知识链接**

主电路中的保护元件

隔离开关、高速断路器、熔断器等都是主电路中的重要元器件，起到高压电器及能量释放作用，以保护主电路。

隔离开关用于主电路的隔离以及通过机械联锁开关将支撑电容器的放电回路接通，将支撑电容上的电荷快速释放，以保证维护人员的安全。

高速断路器用于主电路的故障保护，当主电路出现严重故障，如主电路电器部件故障、网压或直流电压过压、直流侧电流过流、主电路接地、IGBT元件故障、网络通信故障、DC110V控制电源失电等时，高速断路器断开，以实现主电路的故障保护。同时高速断路器能对检测出的过电流进行快速响应，以实现主电路短路瞬时保护。

当熔断器电流超过规定值时，以本身产生的热量使熔体熔断，达到断开电路的目的。熔断器广泛应用于高低压配电系统和控制系统以及用电设备中，是用于过载和短路保护的电器。

滤波电抗器能使主电路直流侧电容电压保持稳定并将电压波动限制在允许范围内。同

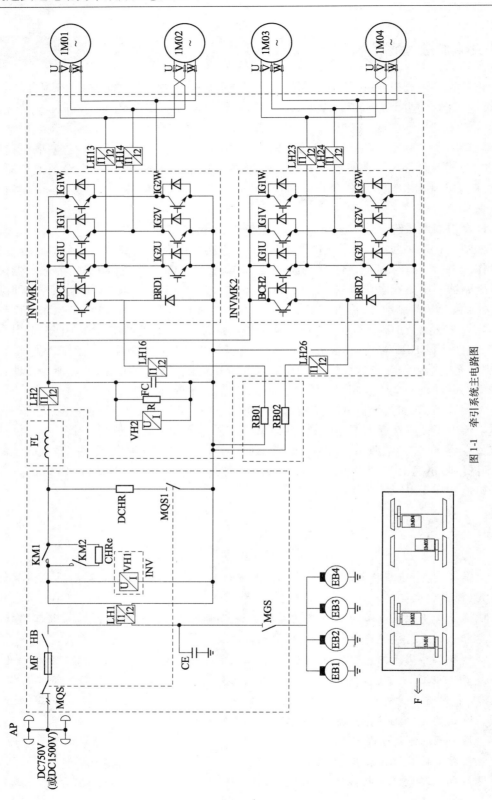

图1-1 牵引系统主电路图

时,吸收直流输入端的谐波电压(使电网不流出高次谐波电流的电抗器),抑制逆变器对输入电源网的干扰,在逆变器发生短路时抑制短路电流并满足逆变器开关元件换相的要求。

2. 牵引控制系统

列车牵引控制系统主要由司机控制器、各指令开关、有接点控制电路、列车控制与管理系统(Train Control and Management System,TCMS)和牵引控制单元(Drive Control Unit,DCU)等构成,主要完成列车有关牵引的控制指令及状态的给出、传输和诊断等,实现列车牵引及电制动控制、电传动系统故障保护等。牵引控制系统的自诊断功能使得系统在出现故障后,会将相应的故障码发送到列车显示单元,帮助列车司机或检修人员读取信息。

1)控制功能信号路径

图1-2为牵引控制系统的控制功能信号传输路径。操纵台上的司机控制器和驾驶室其他各指令开关的信号状态首先通过硬连线进入模拟量输入输出模块(AXM)或数字量输入输出模块(DXM),然后通过多功能车辆总线(Multifunction Vehicle Bus,MVB)进入车辆控制模块(Vehicle Control Module,VCM),再通过MVB到达牵引控制单元(DCU),相关信息显示在司机操纵台的监控显示屏上。

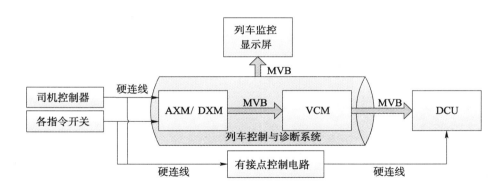

图1-2 牵引控制系统的控制功能信号传输路径

或者,司机控制器和各指令开关的信号状态通过有接点控制电路由硬连线直接传递给DCU。

两个牵引逆变单元配备一个牵引控制单元DCU,共用一个预充电回路和线路输入滤波器,每个牵引逆变单元对应设置一组过压吸收电阻。当其中一个逆变器单元出现故障时,可通过接触器切除故障车辆。

2)诊断功能信号路径

图1-3为牵引控制系统的诊断功能信号传输路径,它也同样有两条路径。

(1)有接点控制电路的状态及故障信息通过硬连线传递给AXM或DXM,再通过MVB传入VCM,VCM对各种状态及故障信息进行综合评估后,将重要的信息显示在操纵台的监控显示屏上,司机则可以根据显示的信息对牵引系统进行操作控制或故障处理。

(2)DCU的状态及故障信息通过MVB直接传递给VCM,VCM对各种状态及故障信息进行综合评估后,将重要的信息显示在操纵台的监控显示屏上,司机根据显示的信息对牵引系统进行操作控制或者故障处理。

3. 工作原理分析

图 1-4 为某型列车 Tc 车的牵引控制电路图,图 1-5 为某型列车 M 车的牵引控制电路图。列车牵引、制动指令有两种传输方式:

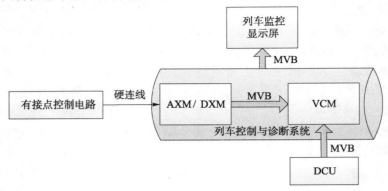

图 1-3　牵引控制系统诊断功能信号传输路径

(1)正常情况下,由 TCMS 的 AXM 模块采集司机控制器发出的电位器模拟信号指令,通过 MVB 传给 DCU 和 EBCU(Electric Brake Control Unit,电子制动控制单元);若列车处于自动驾驶模式(Automatic Train Operation,ATO)下,牵引力及牵引指令通过 RS485 传给 TCMS,TCMS 再传给 DCU。

(2)备用模式(如紧急牵引模式)下,DCU 采集司机控制器输出的牵引级位编码线(图 1-4 和图 1-5 中的 2、3 号线)、制动级位编码线(图 1-4 和图 1-5 中的 281、282、283 号线)信号。

你了解 RS485 吗?

RS485 是典型的通信协议,具有更高的接收器输入阻抗和更宽的共模范围(-7 ~ +12V),允许多个驱动器和接收器挂接在总线上,其中每个驱动器都能够脱离总线。RS-485 已经成为 POS、工业以及电信应用中的最佳选择。较宽的共模范围可实现长电缆、嘈杂环境(如工厂车间)下的数据传输,更高的接收器输入阻抗还允许总线上挂接更多器件。

列车牵引、制动控制系统供电用空气断路器有 QF1、QF2、QF6、QF7、QF10、QF11 和 DES。这些空气断路器都在驾驶室的电气控制柜中(图 1-6),具体对应名称见表 1-1。

在列车控制和监控系统 TCMS 正常工作的情况下,列车牵引、制动控制是通过列车网络传递指令信息的。给列车监控系统供电用的空气断路器有 QF3、QF4、QF13、QF15 和 QF16。表 1-1 的断路器中,除回送开关 DES 外,其余在列车运行时都必须闭合。

在列车运行时,为什么不应闭合 DES?

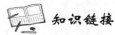

列车回送

列车的回送是指列车制造完成后由制造工厂所在地送到实际运营城市的运输过程。

目前列车的交付方式有：海运（解编运输，适合海外项目）、陆运（解编运输，适合近距离运输）和铁路运输（适合国内所有列车运输）。而城市轨道交通电动列车经铁路运输回送时，本身不具备动力，即无火回送，因此，需要给其制动控制系统提供 DC110V 控制电源，这样制动控制单元就可以进行正常的空气制动控制和防滑控制。制动控制指令通过列车硬线传输，以实现与铁路上的客车或货车的同步动作。

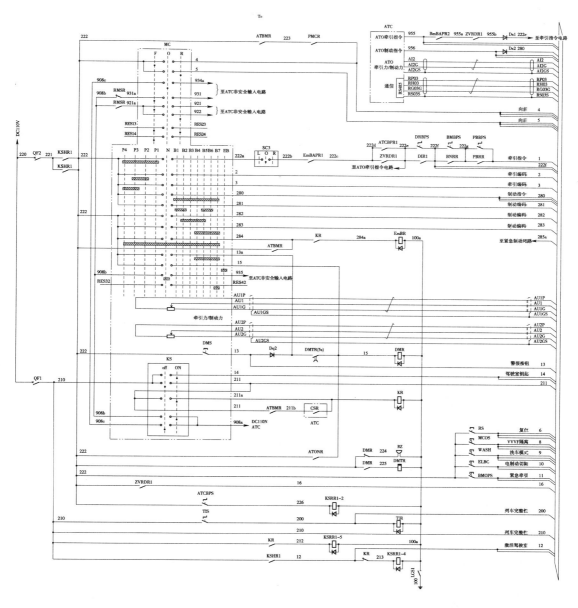

图 1-4　某型列车 Tc 车的牵引控制电路图

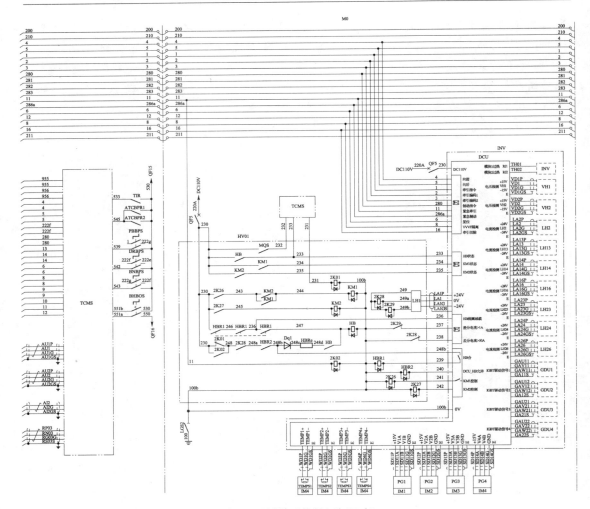

图 1-5　列车牵引控制电路（M 车）

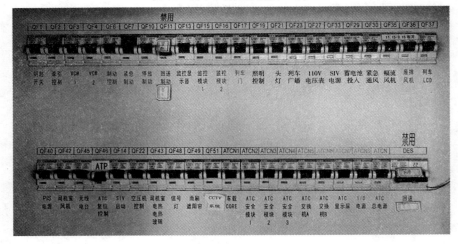

图 1-6　列车空气断路器

项目一　牵引系统故障应急处理

电气控制柜设备对照表（部分）　　　　　　　　　　表1-1

序号	代号	名　称	数量	序号	代号	名　称	数量
1	QF1	钥匙开关断路器	1	7	QF10	停放制动断路器	1
2	QF2	牵引控制断路器	1	8	QF11	回送制动断路器	1
3	QF3	GWM1 电源断路器	1	9	QF13	监控显示器断路器	1
4	QF4	GWM2 电源断路器	1	10	QF15	监控模块1断路器	1
5	QF6	制动控制断路器	1	11	QF16	监控模块2断路器	1
6	QF7	紧急制动断路器	1	12	DES	回送开关	1

任务一　全列牵引无流的应急处理

　学习情境

2014年8月28日，在非高峰时间段，某城市地铁1号线上××列车运行至××站台进行开关门作业完毕后，司机回到驾驶室，发现司机控制器主手柄无论置于哪一级牵引位，列车均不启动，全列车显示牵引无流现象。

　工作目标

在规定时间内找出故障点、判断故障严重程度，根据情况做出相应处理，尽量恢复列车运行。

一、故障现象与分析

1. 故障现象

司机控制器主手柄置于牵引位，全列保持制动不缓解，监控显示屏显示动车牵引电流为"0"。

　知识链接

保持制动与列车牵引的关系

保持制动能用于列车停车时防溜并可使列车在3‰斜坡上开车和停车时不溜车。只要列车处于静止状态，保持制动就会自动施加。

当列车停站完毕，需要走车时：

如果牵引力达到10%时（该力的启动牵引力克服保持制动的制动力后），保持制动缓解，可以防止列车启动时产生倒溜。

如果此时不缓解，牵引系统将被保护，不再施加牵引力。为实现走车，司机可按压保持制动切除按钮（图1-7），强制缓解保持制动。

2. 故障分析

1) 牵引系统工作原理分析

根据牵引控制电路，先来分析列车牵引系统的工作原理，在此基础上得到影响列车牵引的因素就不难了。

第一步，激活头端驾驶室。

现在很多列车没有头尾转换开关,是由司机控制器上钥匙开关 KS 来激活头尾继电器,如图 1-8 所示。只有激活头尾继电器,该驾驶室的各开关和按钮、操纵台、牵引控制才能正常使用。

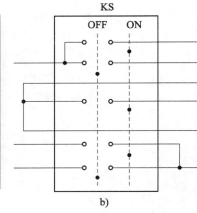

图 1-7 保持制动切除   图 1-8 钥匙开关 KS

车辆运行前,必须将列车两辆 Tc 车的钥匙开关 KS 都置于正确位置:激活端驾驶室钥匙开关打至"ON"位,非激活端驾驶室的钥匙开关打至"OFF"位;否则列车将不能正常启动。对于有头尾转换开关的列车来说,激活端驾驶室的头尾开关应置于"头"位,另一端驾驶室的头尾开关则置于"尾"位。

第二步,选择运行方向。

从 Tc 车的牵引控制电路中看到,司机控制器 MC(Master Controller)由三部分组成:钥匙开关、主手柄和方向选择开关,如图 1-9 所示。这三者之间设有机械联锁。只有在钥匙开关 KS 打至"ON"位,主手柄位于"EB(Emergency Brake,紧急制动)"位时,方向选择开关才能操作;而当方向选择开关位于非零位即 F(前)或 R(后)时,主手柄才能操作;同时钥匙开关 KS 起着控制联锁开关的作用:只有当主控手柄在"EB"位、方向选择开关在"0"位且将钥匙开关 KS 转到"OFF"位时,钥匙才能取出;钥匙取出后手柄不能动作。

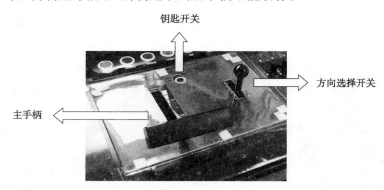

图 1-9 司机控制器组成

第三步,牵引联锁控制。

列车牵引指令电路联锁了一些条件,只有当这些条件都满足时,TCMS 才发出牵引指令给 DCU；只要 TCMS 检测到有任何一个条件不成立，都将封锁牵引指令的输出。这些条件是：

(1) 门选向开关 SC3，如图 1-10 所示；
(2) 紧急制动辅助继电器 EmBAPR；
(3) ATC 系统请求切除牵引指令继电器 ZVRDR1；
(4) 列车门关好继电器 DIR1；
(5) 列车缓解不良继电器 BNRR；
(6) 停放制动继电器 PBRR。

这些条件在图 1-4 中都可以找到，当门选向开关 SC3 位于"0"位，其余各继电器均闭合时，牵引指令（某城市地铁 1 号线）就能经列车线送至所有动车的 VVVF 牵引逆变器。

图 1-10 门选向开关

 练一练

图 1-11 是 BD24 型车牵引控制电路（Tc 车）中的重点线路，你能否看图说出牵引联锁控制的具体电路？

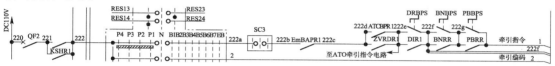

图 1-11 BD24 型车牵引控制电路（Tc 车）中的重点线路

2) 影响列车牵引的原因

在图 1-11 中，某城市地铁 1 号线"牵引指令"的传送过程如下：

头车控制电源 220 线得电→牵引控制保险 QF2 闭合→221 线→头车的头继电器 KSHR1 双触点闭合→222 线→MC 主手柄推至 P1～P4 任一牵引位→222a 线→门选向开关 SC3 置于 "0"位、触点闭合→EmBAPR 常开触点闭合（紧急制动环路建立）→222c 线→ZVRDR1 常开触点闭合（ATC 系统无牵引切除请求）→222e 线→DIR1 常开触点闭合（列车门关好）→222f 线→一条通路至 TCMS，另一条通路经过 BNRR 常闭触点闭合（无缓解不良信号输出）→222g 线→PBRR 常开触点闭合（列车停放制动缓解）→牵引指令地铁 1 号线经列车线送至各动车的 VVVF 牵引逆变器。

由以上的分析不难总结出影响列车牵引的原因：

(1) 牵引控制保险 QF2 跳开；
(2) 列车的头尾关系不正确；
(3) 方向选择开关在"0"位；
(4) 司机控制器主手柄的位置不在牵引位；
(5) 门选向开关 SC3 的位置不在"0"位；
(6) 列车"紧急制动环路"断开（即 EmBAPR 继电器触点断开）；
(7) ATC 请求切除牵引（即 ZVRDR1 继电器触点断开）；
(8) 列车门没有关好（即 DIR1 继电器触点断开）；

（9）列车"列车缓解不良"输出（即 BNRR 继电器触点断开）；

（10）停放制动没有缓解（即 PBRR 继电器触点断开）。

此外，接触网或接触轨的供电电流不正常也是影响牵引无流的重要因素。

因此，司机在解决全列牵引无流的故障时，首先应该重点查找以上 10 个条件是否均处于正确状态，对于不符合要求的，应一一采取相应措施，想办法使牵引控制电路接通，令地铁 1 号线"牵引指令"能传送出去。

二、故障应急处理

根据故障的严重程度不同，全列牵引无流可能导致列车晚点、就近入库或申请救援，具体的处理措施要依据司机在故障应急处理中所作出的判断而决定。若查明不是由操作不当导致而是列车本身故障，则应在当天由车辆检修人员对故障详细做出诊断。

针对影响列车牵引的各项原因，司机应按开关位置逐一做出排查，见表1-2。

故障应急处理操作流程表 表1-2

序号	检查内容	操 作	图 示
1	通过网压表和监控显示屏检查接触轨或接触网电流是否正常	若网压显示不正常，应与行车调度员联系，并说明情况	
2	检查司机控制器主手柄是否在牵引位（人工驾驶模式下）	将主手柄扳至牵引位试验，注意警惕开关的状态	
3	检查门选向开关是否在"0"位	若不正确，应扳至正确位置	

项目一　牵引系统故障应急处理

续上表

序号	检查内容	操　作	图示
4	检查门全关好指示灯是否点亮	若未点亮，确认车门是否全部关闭；若关闭，闭合关门旁路开关（即"门关好旁路"）；若有车门未关好，应处理车门故障	 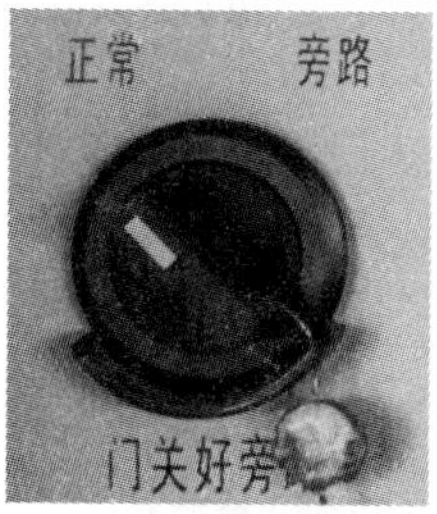
5	检查停放制动是否施加	若是，则按"停放制动缓解"按钮；若无作用，则将停放制动旁路开关扳至"旁路"位	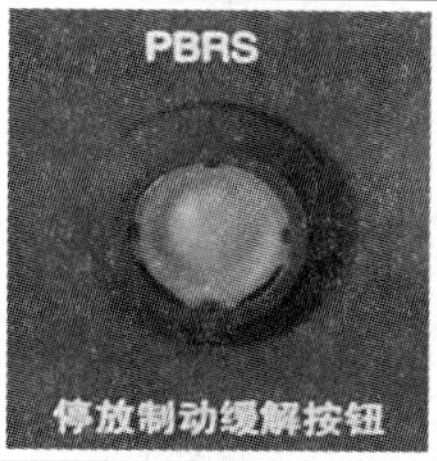 
6	检查列车是否缓解不良、带闸	尝试切除保持制动。若还带闸，按制动不缓解处理；无车带闸时，将缓解不良旁路开关扳至"旁路"位	 

15

续上表

序号	检查内容	操作	图示
7	检查牵引控制保险QF2是否跳开	如跳开,应将其闭合	
8	检查列车监控显示屏的牵引系统画面	主手柄置于"惰行"位或制动各级位,按复位按钮	
9	检查牵引是否正常	切除ATP进行试验	
10	断开蓄电池,重新启动列车进行试验	注意将列车各开关、手柄置于出库前的初始状态	
11	检查牵引是否正常	若还不好,应更换头尾车重复进行上述试验	
12	检查牵引是否正常	若牵引有流,应报告行车调度员,申请推进运行;若牵引无流,应报告行车调度员,申请救援	

想一想

关门旁路、停放制动旁路和缓解不良旁路分别对应图1-11中的哪些开关?

三、注意事项及要点总结

一般情况下,在遇到全列牵引无流的故障时,首先要想到检查接触轨或接触网供电情况、门选向开关、门全关好指示灯、列车带闸情况、车载信号,最后是相关保险位置。

(1)要认真观察仪表显示,检查是全部动车均无牵引电流,还是部分动车牵引无流。

(2)检查是否保持制动不缓解,是否是因停放制动误施加,造成列车"牵引有流不动车"的现象。

(3)在故障处理的过程中,除非必要操作,否则须将司机控制器主手柄放置"EB"位,防止在排查故障时列车突然启动。

(4)在短接关门旁路时,必须确认全列车的客室车门均已关好,防止开门走车。如果出现开门指示灯和关门指示灯显示不正确的情况,应该立刻予以确认,避免发生人员伤亡。

(5)闭合关门旁路开关后仍然全列牵引无流时,应及时恢复此旁路开关到"正常"位。

(6)注意回忆故障的产生时机,根据之前进行的作业内容预判断故障原因,减少处理故障的时间。例如,在开关门作业后产生全列牵引无流故障,应优先判断是由车门或门选故障造成的,在处理时重点进行确认。

(7)处理故障的过程中,应向乘客做好解释工作。

(8)列车推进运行前,应首先与行车调度员联系,在车站清客完毕再掉线并就近入库,避免影响正线上其他列车运行。推进运行时应注意限速要求。

在逐步排查故障的过程中,每做完一项操作都应注意查看全部动车是否恢复牵引,这样才能判断出产生故障的可能原因:是车门没有关好,还是门电路故障;是停放制动施加,还是牵引控制保险断开;或其他原因。最后,将故障现象及处理过程和结果如实记录在《电动列车运行故障记录单》上,如图1-12所示。

1	车号	10066	操纵车号	1#	出库时间	4 时 40 分
	司机	张三	副司机	李四	报修时间	填写实际出现故障时间

故障现象:
静动态试车良好,工具箱铅封良好,驾驶室内备品齐全,摄像头位置及两端监控良好。

2	车号	10066	操纵车号	1#	出库时间	4时40分至6时37分
	司机	张三	副司机	李四	报修时间	1600次至1031次

故障现象:
遇故障时此处填写故障发生时间、车次、地点、故障现象,同时上报技术支持人员。
如:6时31分1031次××站5号车右三车门关不上,已隔离。

3	车号		操纵车号		出库时间	时 分至 时 分
	司机		副司机		报修时间	次至 次

4	车号		操纵车号		出库时间	时 分至 时 分
	司机		副司机		报修时间	次至 次

图1-12 电动列车运行故障记录单(范本)

【实训考核与评价】

任　务	全列牵引无流的应急处理			
班　级		姓　名		
考核日期		得　分		

【考核要点】

1. 能解读故障现象，判断全列牵引无流。
2. 能逐条排查可能导致故障的原因，找出故障点。
3. 在规定时间内做出应急处理，恢复列车运行。
4. 能正确判断请求救援的状况。
5. 处理过程中，有条不紊、不慌乱。

【考核内容】

考核项目	考核标准	分值	得分
着装	发型标准，服装标准	5	
故障处理	故障点排查正确（与模拟器中预先设置的故障点一致）	50	
	操作动作标准，无违规操作	15	
乘客服务	有为乘客做好解释的意识	10	
时间限制*	在规定时间内完成	10	
表单填写	《电动列车运行故障记录单》填写正确，字迹工整	10	

指导教师意见：

任务完成人签字：　　　　　　　　　　　　　　　日期：　　年　　月　　日

指导教师签字：　　　　　　　　　　　　　　　　日期：　　年　　月　　日

注：*由于故障点可能不同，学生需要进行的处理步骤也不尽相同，所以教师可以根据预先制定的故障点，自行规定时间要求，原则上不应超过5min。

任务二　单车牵引无流的应急处理

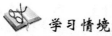

学习情境

2014年的某个星期二上午，地铁7号线的一列车运行至××站台进行开关门作业完毕后，司机回到驾驶室，发现司机控制器主手柄无论置于哪一级牵引位时，中间一辆动车均显示牵引电流为零。

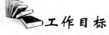

工作目标

在规定时间内找出故障点、判断故障严重程度，根据情况作出相应处理，尽量恢复列车运行。

一、故障现象与分析

1. 故障现象

司机控制器主手柄置于牵引 P1～P4 间任何级位，全列车中有一辆动车牵引逆变器显示故障或牵引电流为零。

2. 故障分析

造成单车牵引无流的可能原因有很多，主要有以下几点：

（1）该动车牵引电动机故障；

（2）该动车的牵引电路中元器件或线路故障；

（3）牵引逆变器故障，致使牵引控制单元不能正常工作；

（4）该车的停放制动不能缓解。

二、故障应急处理

根据故障严重程度的不同，单车牵引无流可能导致列车晚点或终点站掉线：有一辆动车失去动力而不能恢复，须将乘客运送到终点站方能掉线；若有 1/2 以上动车失去动力，则应立即清人掉线。故障应急处理操作见表 1-3。

故障应急处理操作流程表 表 1-3

序号	检查内容	操作	图示
1	通过列车监控显示屏检查故障车的高速断路器 HB 运行是否正常	司机控制器主手柄在"惰行"位或"制动"位时，按"复位"按钮	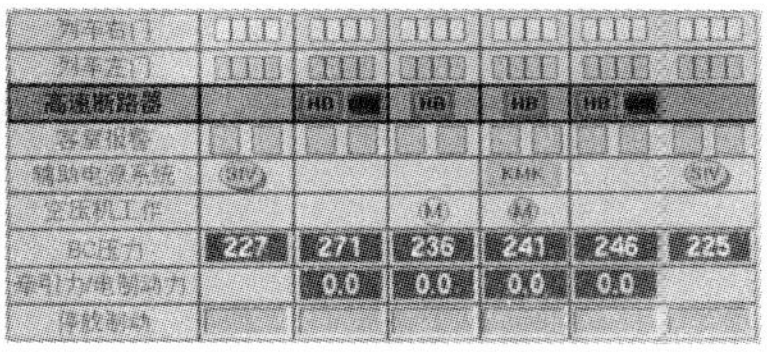
2	检查故障车的停放制动是否施加	若列车监控显示屏显示该动车施加停放制动，则按下"停放制动缓解"按钮	
3	检查故障车电气控制柜内的本车控制电源保险开关、牵引制动状态保险开关是否跳开	若跳开，应将其闭合；若未跳开，应将其断开后再闭合，再按"复位"按钮	
4	检查故障车是否恢复正常	若该动车连续发生故障，可以根据列车 TCMS 的提示进行切除，维持运行到终点站	

三、注意事项及要点总结

列车发生单车牵引无流时,启动速度较慢,司机应合理使用司机控制器主手柄进行操作。若列车发生多节动车牵引无流且不能恢复时,应及时将情况报告给行车调度员,并请求立即清人掉线或就近入库,避免故障扩大影响运营。

司机每次在动车前,应通过列车监控显示屏确认无停放制动施加,如未按"停放制动施加"按钮而停放制动施加,则需要按下"停放制动缓解"按钮,避免因制动不缓解导致列车牵引无流。

在列车运行过程中,若由于轻度故障导致牵引逆变器不能工作,司机可通过按压操纵台上的"复位"按钮,使牵引逆变器投入运行。对于牵引逆变器的严重故障,可以在车上断开牵引逆变器的 DC110V 电源,3s 后再闭合,实现牵引逆变器的严重故障复位。

当产生严重故障时必须进行单元切除操作时,若在"复位"操作之前进行单元切除操作,则该动车牵引控制单元输出高速断路器 HB 断开信号,切除故障车辆。应注意:

(1) 当高速断路器 HB 自脱扣单独发生时,不能进行单元切除(因为没有输出高速断路器 HB 断开信号);

(2) 当单元切除成立时,将不进行高速断路器 HB 和接触器 LB 的接通,并将 VVVF 牵引逆变器门极启动(高速断路器 HB 将由无故障的单元发出接通信号);

(3) 当单元切除成立时,被切除的单元将向监控装置传送单元切除成立信号;

(4) 当单元切除成立时,无故障的单元将切除电制动;

(5) 当断开控制电源时,将解除单元切除指令。

部分动车牵引故障会同时导致无电制动,这时列车只能使用空气制动,应密切注意制动力的变化。

牵引控制系统具有一些保护功能,如对牵引电动机过电流、滤波电容器过电压、电动机电流相不平衡、滤波电容器电压过低、控制电源电压过低的保护。VVVF 牵引逆变器控制器检查各组件(如高速断路器 HB 和接触器)的状态并通过电压检测器和电流传感器监测牵引控制系统中的电压和电流,以确保系统和组件正常工作。如果控制器检测到一些异常,则应启用相应的保护功能以保护系统不受损坏。另外,如果发生重大故障或在规定时段内反复发生某些故障,系统将自动切断,以免造成更大损失。当启用保护功能时,相应信息将发送至列车控制和管理系统 TCMS,为司机和列车维护人员提供一些有关校正措施方面的帮助指导。

牵引电动机造成的牵引无流现象需交由车辆检修人员进行处理。在日常维护中,要定期对牵引电动机的轴承进行润滑,否则会因缺少润滑而导致磨损、异响以及过热等现象,影响电动机的使用寿命。

【实训考核与评价】

任　　务	单车牵引无流的应急处理		
班　　级		姓　　名	
考核日期		得　　分	

续上表

【考核要点】			
1.能解读故障现象,判断单车牵引无流。 2.能逐条排查可能导致故障的原因,找出故障点。 3.在规定时间内作出应急处理,恢复列车运行。 4.能正确判断就近入库或终点站掉线的情况。 5.处理过程中,有条不紊、不慌乱			
【考核内容】			
考核项目	考 核 标 准	分值	得分
着装	发型标准,服装标准	5	
故障处理	故障点排查正确(与模拟器中预先设置的故障点一致)	50	
	操作动作标准,无违规操作	15	
乘客服务	有为乘客做好解释的意识	10	
时间限制*	在规定时间内完成	10	
表单填写	《电动列车运行故障记录单》填写正确,字迹工整	10	
指导教师意见:		日期: 年 月 日	
任务完成人签字:		日期: 年 月 日	
指导教师签字:		日期: 年 月 日	

注:*原则上不应超过2min。

思考与练习

一、填空题

1.列车运行前,操纵端驾驶室的钥匙开关应置于_____位,非操纵端驾驶室的钥匙开关应置于_____位。

2.若要扳动方向选择开关,钥匙开关应在_____位,司机控制器主手柄应在_____位。

3.在列车运行过程中,门选向开关应在_____位。

4.当列车进站、对标停车后,列车施加的制动为_____制动。

5.按压"复位"按钮,能使_____投入运行。

6.在处理全列牵引无流故障时,若发现列车带闸,则判断列车不能牵引可能是_____造成的。

7.在故障处理的过程中,一般将司机控制器主手柄放置_____位,防止在排查故障时列车突然启动。

8. 在短接关门旁路时,必须确认＿＿＿＿＿＿＿＿＿＿＿。

二、简答题

1. 在图1-1的牵引主电路中,如何实现接触轨电压到动车转向架的四个牵引电动机的过程?

2. 试分析牵引控制的指令传输过程。

3. 借助文献、书籍、网络资源等,查阅列车控制与管理系统TCMS的主要功能。

4. 绘制全列牵引无流的故障处理流程图。

项目二　制动系统故障应急处理

【项目说明】

　　制动系统是城市轨道交通电动列车实现安全的重要保障,制动技术和性能在一定程度上决定列车的运行性能,是提高列车整体运输性能的关键性前提条件,同时也影响乘客的乘坐舒适度。列车制动系统的故障会在不同程度上影响运营,快速甄别和处理制动系统故障,是电动列车司机必备的业务能力。

　　通过本项目的学习和训练,学生掌握制动系统故障的判断和分析方法,能在规定时间内处理主要几类制动系统故障。

【知识目标】

　　1. 掌握制动模式及制动系统的控制原理。
　　2. 掌握制动系统故障的应急处理原则及要求。
　　3. 掌握制动系统主要故障的判断和应急处理方法。

【能力目标】

　　1. 能正确判断制动系统故障。
　　2. 能按规定进行制动系统故障时的应急处置。

【素质目标】

　　1. 培养良好的抗压能力。
　　2. 培养规范操作的意识。
　　3. 培养时间观念。
　　4. 培养独立分析问题的能力。
　　5. 培养动手解决问题的能力。

【建议学时】

　　10 课时:理论 4 课时,实训 6 课时。

【实训条件】

　　列车驾驶模拟器(具有制动系统主要故障模拟,并能随机设置不同的故障点)。

知识准备：制动系统控制原理

城市轨道交通电动列车多采用电制动和空气制动混合的方式。在项目一中已经介绍,电制动的控制是由牵引系统实现,具体工作过程为：在列车制动时,其惯性力带动牵引电动机,牵引电动机转变为"发电机"运行,将列车的动能转化为电能,在输出制动电流的同时,牵引电动机的轴上会产生反转矩并作用于轮对,形成制动力。随着列车速度降低,电制动力也逐渐衰减,这时就需要空气制动替代电制动承担全部制动力,使低速运行的列车继续减速或停车。

电动列车的制动系统能在司机控制器、ATO 或 ATP 的控制下对列车进行阶段或一次性的制动与缓解,具有常用制动、紧急制动、保持制动、电空混合制动、空重车调整、空气防滑控制、不缓解检测、强迫缓解、制动力不足检测、停放制动控制等功能。主要设备包括：风源系统、制动控制单元、基础制动装置、空气制动防滑控制装置、空气悬挂控制装置等,有受电弓的列车还包括辅助升弓设备。

1. 制动控制单元

制动控制单元(Brake Control Unit,BCU)相当于制动系统的中枢,承担着常用空气制动控制、常用电空混合制动控制、紧急制动控制、空气制动防滑控制、停放制动控制、车辆载荷信号检测及制动载荷补偿等任务,由电子制动控制单元(Electronic Brake Control Unit,简称EBCU)和气制动控制单元(Pneumatic Brake Control Unit,简称PBCU)两部分组成。

图 2-1 为制动控制单元(BCU)的原理图。BCU 根据制动指令产生制动缸预控压力,再通过中继阀输出制动缸压力。常用制动力和紧急制动力均可根据车辆载荷进行调节,以保证车辆减速度从空车到超员基本不变。车辆载荷信息取自空气弹簧的压力,BCU 根据空气弹簧的压力信号实现不同载重的压力控制,并根据纵向冲击率的限制来控制制动缸预控压力的上升速率。制动电子控制单元通过减少制动力的变化率(冲动控制)而改善常用制动时的舒适性。

 知识链接

纵向冲击率

纵向冲击率是加速度的导数,即加速度变化率,单位为 m/s^3,描述由于工况改变引起的列车中各车辆所受到的纵向冲击,其大小直接反映了乘客的舒适度。

2. 常用制动控制

常用制动是指经常使用的、用以调节列车运行速度或使列车在预定地点停止的制动方式,可通过司机控制器、ATP 系统、自动速度控制系统等系统施加,采用电空混合制动并优先使用电制动。

电空混合制动采用电制动与空气制动实时协调配合,电制动优先,当电制动力不足时,在全列车平均分配空气制动力的混合制动方式,按"等磨耗"方式进行全列车制动混合控制。

(1) 当所有动车的实际电制动力之和能够满足全列车所需的制动力时,全部制动力由电制动承担,动车和拖车都不施加空气制动；

(2) 当实际电制动力不能满足全列车所需的制动力时,需要补充的制动力将平均分配到各辆车上,以空气制动的形式进行补充,各辆车均受黏着极限限制；

项目二 制动系统故障应急处理

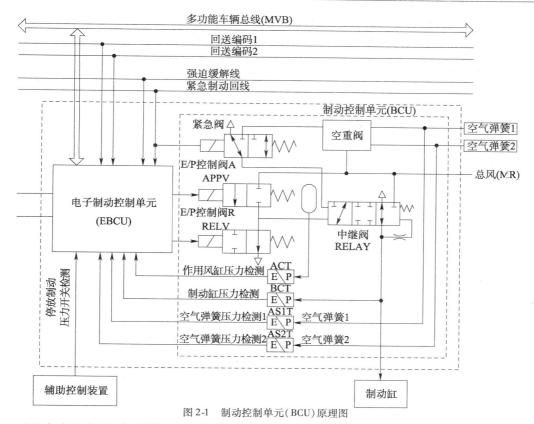

图 2-1 制动控制单元(BCU)原理图

(3)在有电制动时,即使不需要施加空气制动,制动缸也要保留一定压力,目的是以补偿在电制动衰减时空气制动补充的滞后性;

(4)当电制动即将衰减时会由牵引控制系统发出一个电制动退出(衰减)预告信号,BCU 收到电制动退出预告信号后,按预定速率预补空气制动。

3. 紧急制动控制

紧急制动是在列车行驶过程中或是在遇到紧急情况时,能在最短距离内将车停下的制动方式。

紧急制动采用纯空气制动,由紧急制动安全回路直接控制,作用原理如图 2-2 所示。当紧急制动安全回路断开时,紧急电磁阀失电(常时得电),接通空重阀输出口与中继阀的紧急制动预控压力口的通路,使中继阀输出紧急制动的制动缸压力,列车中的所有车辆同时实施紧急制动。紧急制动一旦实施,将一直保持施加状态直到列车完全停止。为了在应急情况下能缓解紧急制动,紧急制动环路中设有紧急制动旁路开关,但该旁路开关不会将紧急制动按钮开关旁路,以保证在需要时列车仍可实施紧急制动。紧急制动环路如图 2-3 所示。

紧急制动电磁阀是一个两位三通常开电磁阀,正常情况下处于得电的状态,切断了空重阀输出口与中继阀的紧急制动预控压力口的通路,同时将中继阀的紧急制动预控压力排向大气。当紧急制动电磁阀失电时,紧急制动电磁阀将接通空重阀输出口与中继阀的紧急制动预控压力口的通路,从而使中继阀输出紧急制动的制动缸压力。紧急制动荷载调节由空重车调整阀实现,当两路空气弹簧压力进入空重阀后,会产生一个平均的载重压力,然后通过杠杆变换成相应荷载的制动缸预控压力,从而使制动缸压力能随载重的变化而调整,以保证列车制动率从空车到超员基本不变。如果平均载重压力小于预调的空车载重压力,则空重车调整阀会在预调的弹簧力作用下,产生相当于空车的制动缸控制压力,从而保证了最小制动缸压力。

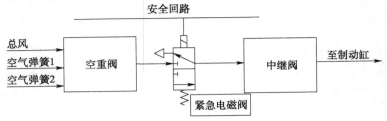

图 2-2 紧急制动作用原理

紧急制动不仅在 ATP 指令、司机控制器指令(手动指令)、紧急制动按钮控制下作用,在车辆分离或总风缸压力低于安全设定值时,列车也会产生紧急制动。

4. 保持制动控制

保持制动是一种使停止的列车保持静止的制动控制方式。正常状态下,只要列车处于静止,保持制动就会自动施加,可以防止列车停车时受到外力作用溜车,或防止在坡道上停车时列车意外移动,同时也能防止列车在坡道上启动时产生倒溜。

保持制动的控制和作用原理与常用制动相同,但施加条件和制动力大小与常用制动有所不同。保持制动仅在列车接近停稳时才施加,其制动率(制动力与重量之比)一般为一个固定值。一旦列车开始启动,保持制动就开始缓解。

在 TCMS 正常工作的情况下,当列车制动减速到低于施加保持制动的车速(零速信号)时,TCMS 或 ATO 装置通过车辆功能总线 MVB 向 BCU 发出保持制动施加指令,BCU 会施加足以使列车在坡道上保持静止的空气制动;在列车牵引启动过程中,当牵引力高于在坡道上启动所需的牵引力时,TCMS 通过 MVB 向 BCU 发出保持制动缓解指令,BCU 使制动力缓解,列车正常启动。

为了便于制动系统的制动缓解检查和试验,驾驶室内有保持制动切除开关,如图 1-7 所示。此外,列车在回送和救援时不具有保持制动功能。

5. 停放制动控制

当车辆长时间停放在线路上时,往往因受风力或其他某种外力的作用而发生溜车现象,为此,轨道交通车辆都必须安装具有防止溜车功能的停放制动装置。停放制动是纯机械控制的制动,由弹簧的压缩力施加。在列车停车后,一旦总风缸压力下降到某一设定值,停放制动便能够自动施加;当总风缸压力恢复后,停放制动能自动缓解。此外,停放制动也可以通过驾驶操纵台上的停放按钮实现停放制动的施加与缓解,"停放制动缓解"按钮和"停放制动施加"按钮如图 2-4 所示。

6. 防滑控制

空气制动防滑功能在紧急制动和常用制动时都可以起作用,采用速度差和减速度判据进行滑行检测:

(1)速度差判据:当某一轴速度低于参考速度(基准速度)达到判定滑行数值。

(2)减速度判据:当某一轴的减速度达到判定滑行数值。

当出现以上任何一种情况时,就判定该轴发生制动滑行,防滑控制系统首先会通过防滑排风阀切断中继阀到该轴制动缸的通路,对制动缸进行保压,如果滑行较大或保压后滑行持续增

项目二 制动系统故障应急处理

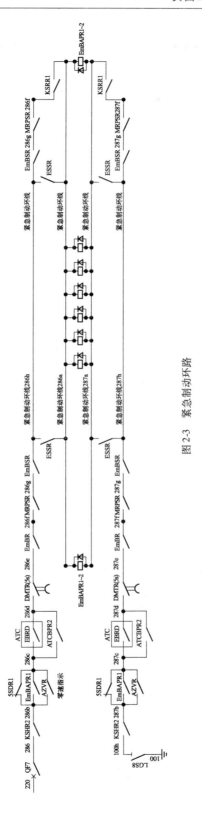

图 2-3 紧急制动环路

大,防滑阀还可排出一部分制动缸的压力空气,减小该轴上的制动力,以减小该轴上的滑动程度,使该轴恢复到黏着状态。在黏着恢复再制动充风时,防滑控制系统首先会采用阶段充风方式,一方面可以限制黏着恢复时再制动的纵向冲击率,同时还可以减小黏着恢复过程中再滑行的概率。

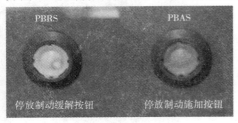

图 2-4　停放制动控制按钮

当 4 个轴同时出现滑行时,或 4 个轴的减速度都远高于正常的制动减速度时,防滑系统会定期短时缓解某一基准轴的空气制动,以便对基准速度进行周期性的修正,减小基准速度的累加偏差,以准确地控制滑动程度,从而确保了在低黏着状态下最大限度提高制动力,同时不会出现车轮擦伤。在发生严重滑行时,将切除电制动,以利于黏着恢复。

当空气制动滑行控制系统失效时,空气制动将维持运用而无滑行保护。当一个速度传感器出现故障时,受到影响的防滑阀会利用本转向架的另一个速度传感器进行防滑控制。

任务一　紧急制动不缓解的应急处理

学习情境

2014 年 9 月 2 日,某城市地铁 3 号线上××列车运行至××站台进行开关门作业完毕后,司机将司机控制器主手柄置于"惰行"位时,监控显示器显示列车施加紧急制动,双针压力表制动压力指针指示紧急制动压力。

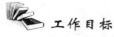工作目标

在规定时间内找出故障点、判断故障严重程度,根据情况作出相应处理,使列车缓解。

一、故障现象与分析

1. 故障现象

当司机控制器主手柄置于"惰行"位时,监控显示器显示列车施加紧急制动(图 2-5),双针压力表的制动压力指针指示紧急制动压力(图 2-6)。

图 2-5　监控显示屏紧急制动"施加"

2. 故障分析

1)紧急制动环路分析

如图2-3所示的紧急制动环路,正常状态时该环路带电,若失电则列车启动紧急制动。紧急制动环路得电的过程如下:

头车控制电源220线得电→QF7闭合→286线→头继电器KSHR2得电闭合→286b线→ATC未请求紧急制动时EBRD常开触点闭合→286c线→ATC旁路开关断开即ATC旁路继电器失电时,ATCBPR1常闭触点闭合→286d线→司机控制器主手柄警惕开关未断开时,警惕延时继电器DMTR(5s)常开触点闭合→286e线→司机控制器主手柄置于非紧急位时,紧急制动继电器EmBR常开触点得电闭合→286f线→总风缸压力继电器MRPSR常开触点得电闭合→286g→紧急制动按钮未被按下时,紧急制动按钮继电器EmBSR常开触点得电闭合→286h线→经列车导线到尾车286h线→尾车EmBSR→尾车MRPSR→尾继电器KSRR1常开触点得电闭合→紧急制动正线286a得电→经列车导线至各车辆紧急制动电磁阀EBV正极→各车辆EBV负极→紧急制动负线287a→经列车导线至尾车KSRR1常开触点→287f线→MRPSR常开触点得电闭合→287g→EmBSR常开触点得电闭合→287h线→经列车导线至头车287h线→EmBSR常开触点得电闭合→287g→MRPSR常开触点得电闭合→287f线→EmBR常开触点得电闭合→287e线→DMTR(5s)常开触点得电闭合→287d线→ATCBPR2常闭触点闭合→287c线→EBRD常开触点得电闭合→287b→KSHR2常开触点得电闭合→100h线。

图2-6 双针压力表显示紧急制动压力

任何情况下紧急制动环路的建立(即紧急制动缓解)必须在停车状态下,将司机控制器主手柄打至紧急位,确认列车紧急制动施加后,才能进行缓解。

2)产生紧急制动的原因

由以上紧急制动环路的分析不难看出,只要出现下列情况之一,列车紧急制动环路就断开,电制动被切除,仅由空气制动作用。

(1)头、尾车驾驶室均被激活;

(2)ATC请求紧急制动;

(3)司机释放司机控制器上的警惕开关时间过长(大于5s);

(4)司机控制器主手柄在紧急制动位;

(5)总风缸压力不足;

(6)紧急制动按钮被按下;

(7)QF7断开,紧急制动环路控制电源失电;

(8)列车运行时方向选择开关回"0"位。

此外,列车丢失完整性(如列车分离)也是引起紧急制动的原因之一。

因此,司机在解决紧急制动不缓解的故障时,首先应该查看是否有以上8个现象之一,若有则采取相应措施,使紧急制动环路得电、紧急制动缓解。

 想一想

ATC请求紧急制动的情况有哪些?

二、故障应急处理

根据故障点不同,紧急制动不缓解可能导致列车晚点、清人掉线或申请救援。司机应对照产生紧急制动的各项原因,按开关位置逐一排查,见表2-1。

故障应急处理操作流程表　　　　　　　　　　表2-1

序号	检查内容	操　作	图　示
1	确认驾驶室内各相关开关和按钮位置是否正常	若不正确,应进行恢复,包括:各开关和按钮、司机控制器主手柄、方向选择开关、头尾开关(若有的话)、紧急制动按钮等	
2	检查双针压力表指示的总风缸压力是否正常	若不正常,应等待总风缸压力上升至规定值后,重新建立安全回路查看能否缓解	
3	检查车载信号系统是否正常	将驾驶模式选为"非限位",切除ATP进行试验,重新建立安全回路并查看能否缓解	
4	检查制动控制保险和紧急制动控制保险是否跳开	若跳开,应将其闭合	

续上表

序号	检查内容	操作	图示
5	短接紧急制动短路开关进行试验	若缓解,列车应限速30km/h运行,并退出运营;若不缓解,应断开蓄电池再闭合,按"复位"按钮	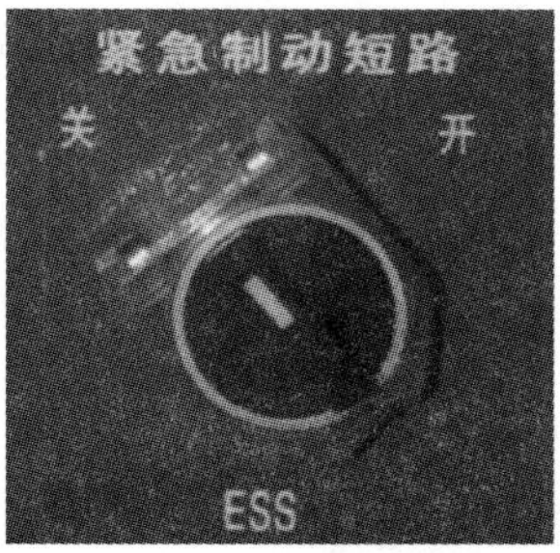
6	到尾端驾驶室进行检查和试验(相关项目同上)	若短接尾车紧急制动短路开关后紧急制动缓解,列车可推进运行;若不缓解,应请求救援	
7	检查救援列车联挂妥当	将列车各台车强迫缓解塞门全部切除,列车制动缓解	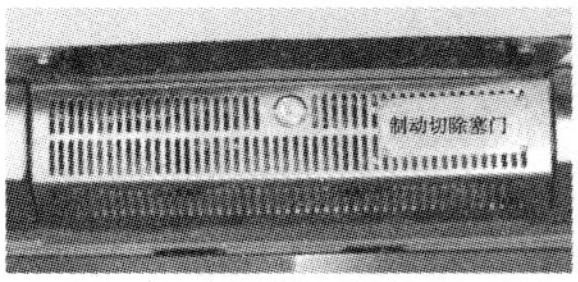 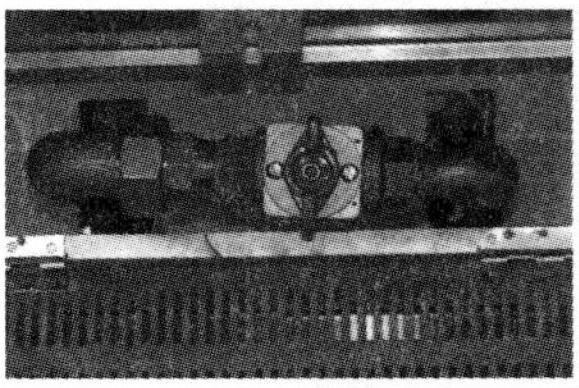

三、注意事项及要点总结

为尽快处理故障,列车在发生紧急制动不缓解后,司机要利用排除法,优先排除有表象的故障项,并且能根据当时列车运行状态决定检查顺序:若在列车运行中发生故障,应先检查总风缸压力、车载信号等项目;若在更换驾驶室后发生故障,应先检查各开关位置、司机控制器主手柄、钥匙开关等项目。

在正常操作列车运行的过程中,应认真观察双针压力表显示,发现问题及早采取措施。当总风缸压力降低时,可以使用强制泵风(或空压机强迫启动,图2-7)按钮使空压机打风进行试验,若总风缸压力依旧持续下降或无法恢复到正常值时,应检查列车是否有风压泄漏的故障,并及时进行处理。

若按压强制泵风按钮、待总风缸压力达到规定值后故障解除,说明是由总风缸压力不足造成的列车紧急制动不缓解。

若将车载ATP切除后紧急制动可以缓解,可以判断为是车载ATP故障导致的。

若短接紧急制动短路开关后列车紧急制动全部缓解,说明是列车电路上的故障引起的紧急制动不缓解。

图 2-7 "强制泵风"按钮

故障发生后,若前部驾驶室检查无异常,司机应及时与行车调度员联系,派副司机携带相关钥匙及备品到尾车驾驶室,进行尾车驾驶室的检查。

在逐步排查故障的过程中,每做完一项操作都应注意查看紧急制动是否缓解,这样才能判断出产生故障的可能原因:是总风缸压力不足,还是紧急制动按钮位置不正确;是车载信号系统故障,还是紧急制动控制保险断开;或其他原因。最后,将故障现象及处理过程和结果如实记录在《电动列车运行故障记录单》上。

【实训考核与评价】

任 务	紧急制动不缓解的应急处理			
班 级		姓 名		
考核日期		得 分		
【考核要点】				
1. 能解读故障现象,判断紧急制动不缓解。				
2. 能逐条排查可能导致故障的原因,找出故障点。				
3. 在规定时间内作出应急处理,恢复列车运行。				
4. 能正确判断请求救援的状况。				
5. 处理过程中,有条不紊、不慌乱				
【考核内容】				
考核项目	考核标准		分值	得分
着装	发型标准,服装标准		5	
故障处理	故障点排查正确(与模拟器中预先设置的故障点一致)		50	
	操作动作标准,无违规操作		15	
乘客服务	有为乘客做好解释的意识		10	
时间限制*	在规定时间内完成		10	
表单填写	《电动列车运行故障记录单》填写正确,字迹工整		10	
指导教师意见:				

项目二 制动系统故障应急处理

续二表

| 任务完成人签字： | | 日期： | 年 | 月 | 日 |
| 指导教师签字： | | 日期： | 年 | 月 | 日 |

注：*原则上不应超过5min。

任务二 常用制动不缓解的应急处理

学习情境

2014年9月6日，某城市地铁2号线1123次下行一列车运行至××站，司机正常进行开关门作业后，准备启动列车时发现列车出现全列常用制动不缓解的故障。

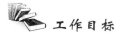

工作目标

在规定时间内找出故障点、判断故障严重程度，根据情况作出相应处理（恢复运营，或就近入库，或请求救援）。

一、故障现象与分析

1. 故障现象

司机无法进行牵引操作，监控显示器显示列车制动缸压力不缓解，双针压力表的制动压力指针指示有常用制动压力。

2. 故障分析

1）常用制动缓解控制

列车正常运行不实行制动时，紧急电磁阀将激活，切断制动缸和称重阀入口及压力控制室的通道。制动缸的压力传送到两个常用制动电磁阀，这两个电磁阀因为没有被激活而关闭，这样压缩空气就不能进一步前进，两个缓解电磁阀未被激活，制动缸中的压缩空气通过阀体集成上的排气通道排向大气，达到车辆缓解的状态。

每个车的制动控制单元BCU都具有制动不缓解检测功能，制动电子控制单元EBCU根据列车的状态进行制动不缓解的检测。在没有制动施加指令时，电子控制装置根据网络指令和贯穿全列的制动状态输入信号，通过检测制动缸压力进行空气制动不缓解检测，当制动缸压力不能在规定的时间内下降到一定的压力，则判定为缓解失效。通过MVB多功能车辆总线传给TCMS，并在列车监控显示屏上显示。

2）先期故障预判断

如图2-8所示的某型列车制动控制电路图，制动指令的发出要经过QF8（制动控制断路器）、214线、MC（司机控制器钥匙开关和方向选择开关）、KR（钥匙开关继电器）、DMS（警惕开关）、DMR（警惕继电器）、MIR（制动力不足指令继电器）、MBR（缓解不良指令继电器）、IDR（制动缸压力检测继电器）、BCPAR（ATP用制动缸压力检测继电器）、ATPSR（ATP常用制动继电器）等，最后传送到281线、282线或283线。

33

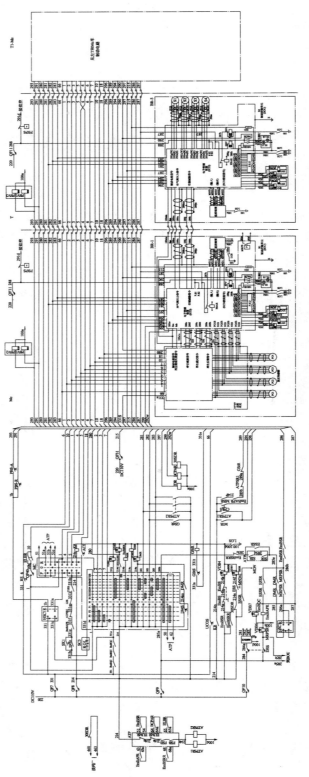

图 2-8 列车制动控制电路

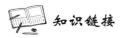 **知识链接**

常用制动指令的发出

在如图 2-8 所示的列车制动控制电路图中,常用制动指令由以下几条路径发出:
220 线→QF8 合→214 线→
➢ MC(B1 位合)→281 线得电,形成列车常用制动 1 级指令;
➢ MC(B2 位合)→281、282 线得电,形成列车常用制动 2 级指令;
➢ MC(B3 位合)→282 线得电,形成列车常用制动 3 级指令;
➢ MC(B4 位合)→282、283 线得电,形成列车常用制动 4 级指令;
➢ MC(B5 位合)→283 线得电,形成列车常用制动 5 级指令;
➢ MC(B6 位合)→281、283 线得电,形成列车常用制动 6 级指令;
➢ MC(B7 位合)→281、282、283 线得电,形成列车常用制动 7 级指令。

根据制动控制系统工作原理,导致常用制动不缓解的可能原因如下:
①车载 ATP 设备故障;
②司机控制器主手柄位置不正确或故障(包括警惕开关故障);
③门选向开关未回"0"或故障;
④客室车门未处于关门状态(包括车门本身未关好或列车门关好继电器故障);
⑤牵引电流未输出(可能原因可参见"列车牵引无流"故障);
⑥总风缸压力不正常(包括总风缸压力继电器故障);
⑦制动缸压力不正常(包括制动缸压力继电器故障);
⑧列车缓解不良;
⑨列车风源系统故障;
⑩制动控制断路器断开。

二、故障应急处理

根据故障点不同,常用制动不缓解可能导致列车晚点或清人掉线(列车在无常用制动的情况下,还有紧急制动,所以不需申请救援)。司机应对故障做出预判断,按故障应急处理操作流程见表2-2。开关位置逐一做出排查。若查明是列车本身故障,则应在掉线后由车辆检修人员详细诊断。

故障应急处理操作流程表 表 2-2

序号	检查内容	操作	图示
1	确认驾驶室内各相关开关和按钮、保险开关位置是否正常	若不正确,应进行恢复,包括:各开关和按钮、司机控制器主手柄、方向选择开关、紧急制动按钮、制动控制保险等(注意回送制动保险应断开)	

续上表

序号	检查内容	操作	图示
2	检查门选向开关是否在"0"位	若不正确,应扳至正确位置	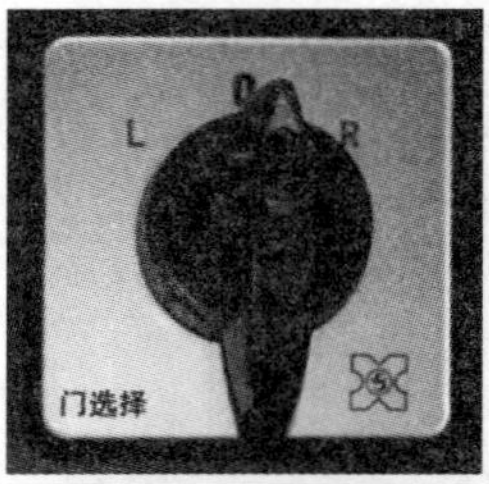
3	检查总风缸压力是否正常	若不正常,应等待总风缸压力上升至规定值后,查看能否缓解	
4	通过门全关好指示灯和列车监控显示屏检查客室车门是否全部关闭	若有车门未关好,应处理车门故障	
5	检查是否是由车载ATP设备引起的常用制动	切除ATP进行缓解操作	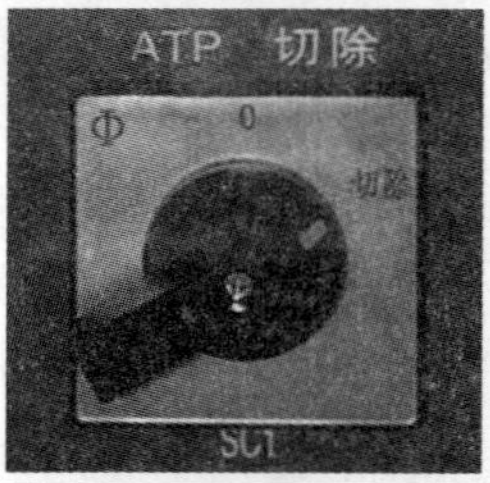
6	检查常用制动是否缓解	若不缓解,应按下"强迫缓解"按钮	
7	检查常用制动是否缓解	若不缓解,应换头操作试验	
8	检查故障是否排除	若仍不缓解,应断开各车辆制动电源保险	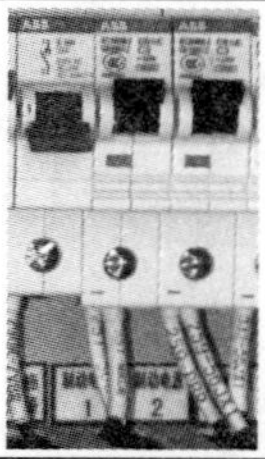

续上表

序号	检查内容	操作	图示
9	通过各车辆的风压表检查是否缓解	若缓解,应就近清人掉线入库;若不缓解,应利用强缓塞门对各车辆进行制动的缓解	

三、注意事项及要点总结

单车制动不缓解的故障也可以用"强迫缓解"按钮、断开故障车制动电源保险、关断故障车强缓塞门等方法来解决。

"强迫缓解"按钮只对故障车起作用,此时列车无常用制动、无防滑,只有紧急制动,运行时应注意列车的制动距离,降低车速,绝不可超速运行,同时防止擦轮。而列车紧急环线一旦失电将不能重新建立,运行时要谨慎使用紧急制动按钮。

 知识链接

车辆踏面擦伤的危害

列车制动滑行会产生普遍的轮轨发热、轮轨擦伤现象,严重时还会使线路失稳。踏面擦伤的危害随列车运行速度的提高而增加。踏面擦伤造成的车轮踏面不圆或凹坑会产生对轨面的垂向冲击,而车轮垂向冲击加速度也会随着运行速度的提高而加剧。它降低了乘坐舒适度,使轴承发热、轨道受损,严重危及行车安全。

断开故障车制动电源保险后,司机控制器主手柄必须置于常用制动位(B1~B7),通过观察故障车风压表的显示确认制动是否缓解(断开制动电源保险只能缓解常用制动)。

若断开制动电源保险后常用制动仍不能缓解,可到故障车下断开强迫缓解塞门,但不能通过关断两个防滑阀塞门进行缓解,因为由此可能引发牵引无流的故障。

此外,在常用制动不缓解的处理过程中,也可以尝试按下"停放制动缓解"按钮进行试验。

 想一想

紧急制动不缓解、常用制动不缓解和保持制动不缓解是如何区分的?

【实训考核与评价】

任 务	常用制动不缓解的应急处理		
班 级		姓 名	
考核日期		得 分	
【考核要点】			
1.能解读故障现象,判断常用制动不缓解。 2.能逐条排查可能导致故障的原因,找出故障点。 3.在规定时间内做出应急处理,恢复列车运行。 4.处理过程中,有条不紊、不慌乱。			

续上表

【考核内容】			
考核项目	考 核 标 准	分值	得分
着装	发型标准,服装标准	5	
故障处理	故障点排查正确(与模拟器中预先设置的故障点一致)	50	
	操作动作标准,无违规操作	15	
【考核内容】			
考核项目	考 核 标 准	分值	得分
乘客服务	有为乘客做好解释的意识	10	
时间限制*	在规定时间内完成	10	
表单填写	《电动列车运行故障记录单》填写正确,字迹工整	10	
指导教师意见:			
任务完成人签字:		日期:　年　月　日	
指导教师签字:		日期:　年　月　日	

注:*原则上不应超过5min。

任务三　停放制动不缓解的应急处理

学习情境

2014年11月5日清晨,××车辆段停车列检库内,司机正在对一列车进行检查和做出库前的准备,在激活头端驾驶台、准备缓解停放制动时发现,列车监控显示屏上显示出现停放制动不能缓解的故障。

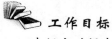

工作目标

在规定时间内找出故障点、判断故障严重程度,根据情况做出相应处理。

一、故障现象与分析

1. 故障现象

司机按"停放制动缓解"按钮无法缓解停放制动,列车监控显示屏上显示"停放制动"仍在"施加"状态,如图2-9所示;其他开关和按钮位置均无异常。

2. 故障分析

1)停放制动的施加与缓解

停放制动是采用弹簧储能施加制动力的一种制动方式,施加单元位于转向架上,每根轴安装两套单元制动夹钳,其中一套具有停放制动功能,为对角布置,如图2-10所示,满足列车在最大超员情况下,停放在最大坡道上不溜车的要求。停放制动夹钳具有手动缓解的功能。

PC7YF型踏面单元制动器带有停放弹簧制动器,利用释放弹簧存储的弹性势能来推动弹簧制动缸活塞,带动两极杠杆使闸瓦制动。而它的缓解需要向弹簧制动缸充气,通过活塞移动使弹簧压缩,从而使制动缓解。

项目二 制动系统故障应急处理

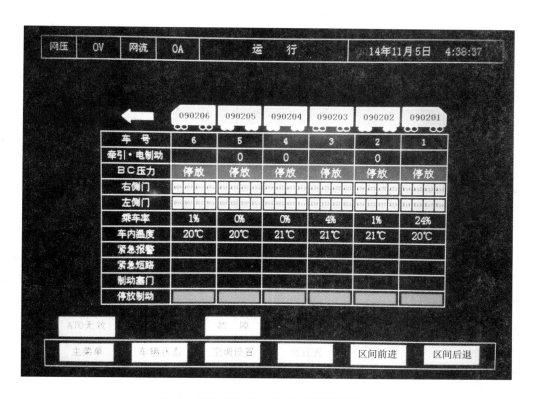

图 2-9 监控显示屏"BC 压力"显示"停放制动"

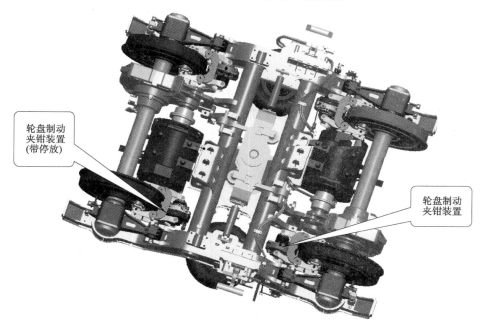

图 2-10 动车转向架仰视图

如图 2-11 所示的 PC7YF 型单元制动器，由气缸、活塞、弹簧、缓解拉环等组成。当停放制动缸排气时，活塞在弹簧的弹力作用下向左运动，螺套及螺杆也向左移动，带动杠杆逆时针转动，使常用制动的活塞杆向右推，单元制动器处于制动状态。所以一旦总风缸压力不足、压缩空气的压力不足以顶住停放制动弹簧时，停放制动就会自动施加；一般地，列车总风压力降到 400～450kPa 后就逐渐开始施加停放制动。而只要向停放制动缸充气，就可以完成停放制动的缓解。

停放制动的缓解可以通过驾驶室内的"停放制动施加"按钮操作，也可以在车下人工操作。方法是将插在弹簧盘矩形齿轮内的定位销用专门工具拔出，使弹簧组件可自由转动并伸长，带动螺杆旋转并将螺套向右移动。螺套的右移使杠杆顺时针转动，推动常用制动缸活塞杆向左移动，这时常用制动的活塞复位弹簧及吊杆扭簧也共同发挥作用，使两杠杆都对主制动杆产生向右移动的力，停放制动得到释放。

停放制动控制装置集成在一个控制箱内。停放制动控制装置气动原理如图 2-12 所示，停放制动控制装置主要由双脉冲电磁阀、减压阀、双向止回阀、压力开关、压力测点、滤清器、带电节点排风塞门、气路集成板、箱体等组成。双脉冲电磁阀可以用脉冲电压控制转换，在外部控制电压作用下转换后，能够保持转换后的位置而不需要连续地施加控制电压。此外，脉冲阀

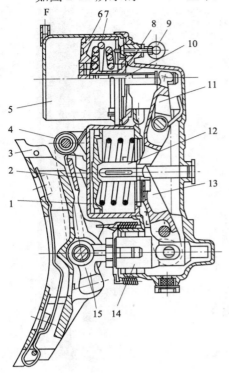

图 2-11 单元制动夹钳（带停放）
1-制动缸；2-制动活塞；3-闸瓦托；4-缓解活塞；5-缓解风缸；6-活塞；7-弹簧；8-螺纹套筒；9-缓解拉环；10-活塞杆；11-制动杠杆；12-活塞杆；13-制动杠杆；14-闸瓦间隙调整器；15-闸瓦托吊

两端还有手动按钮，可以通过手动按钮进行控制转换，手动按钮为自复位方式，手控转换后不会影响脉冲阀的电压控制。因此在电信号出现故障或者需要人工干预的情况下，可人工施加和缓解停放。

停放制动的施加和缓解采用独立的控制线，可以满足坡道停放的需要。停放制动控制装置由列车控制线来控制其制动或缓解。当接收到施加停放制动信号时，双脉冲电磁阀（03）的制动施加电磁阀得电，缓解电磁阀失电，双脉冲电磁阀（03）封锁来自总风缸的压力空气，打开停放制动缸的排风通道，使停放制动缸内压力空气通过双脉冲电磁阀（03）排出，从而单元制动缸产生停放制动作用。当停放制动控制装置接收到缓解停车制动的信号时，双电磁阀（03）的制动施加电磁阀失电，缓解电磁阀得电，双脉冲电磁阀（03）封锁停放制动缸的排风通道，打开来自总风缸的压力空气，将压力空气引入停放制动缸，停放制动缸中的停放弹簧在压力空气的作用下被压缩，从而使停放制动缓解。停放制动控制装置中设置有双向止回阀，其一端输入了总风缸压力，另一端输入的是制动缸压力，其作用是防止由于弹簧制动和空气制动同时施加，导致发生车轮制动力

过大的情况。

停放制动的施加和缓解状态可以通过压力开关进行检测。该信号可以用于停放制动的监控和与牵引系统的联锁。

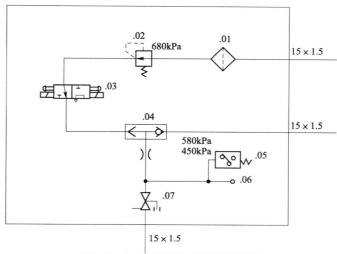

图 2-12 停放制动控制装置气动原理图

2）故障原因预判断

根据停放制动的施加与缓解原理可以分析出，总风压力不足是导致停放制动不缓解的主要原因；其次，停放制动控制装置作用不良也是产生此故障的原因之一；此外，停放制动施加单元机械故障也会导致停放制动不缓解。

二、故障应急处理

根据会产生停放制动不缓解的可能原因，对以下各项逐一排查，见表 2-3。

故障应急处理操作流程表　　　　　表 2-3

序号	检查内容	操 作	图 示
1	检查总风缸压力是否低于 450kPa	若是，则待总风缸压力上升至 550~600kPa 后观察列车制动是否缓解	

续上表

序号	检查内容	操作	图示
2	检查"停放制动施加"按钮和"停放制动缓解"按钮作用是否良好，位置是否正常	可先按动停放制动施加按钮后，再按动停放制动缓解按钮	停放制动施加 停放制动缓解
3	检查停放制动缓解	若仍不能缓解或总风压力无法达到规定值时，到车下手动切除停放制动塞门，利用停放制动手动缓解装置缓解全列车停放制动，同时切除强缓塞门、拉开停放手动拉环	

三、注意事项及要点总结

在制动不缓解的故障处理中，总风缸压力无法达到规定值的情况有可能是由总风管路泄漏引起的。若在正线上由于总风泄漏严重导致发生停放制动不缓解，在处理操纵单元车总风管路漏泄时要求判断准确、处理方法得当。如列车停在车站需要救援时，司机应先申请救援，再迅速做好待援准备，这样能节省救援时间，减少对正线运营的影响。若列车停在区间，处理前应通过广播向乘客进行信息播报。下车查找故障点或处理故障前及时报告行车调度员，携带手电、手持电台、驾驶室钥匙等工具，必要时申请接触轨断电，注意自身安全。做好防溜措施，打上止轮器（图2-13）。

单车停放制动不缓解的处理同样可以参照本节介绍的方法。"先按动停放制动施加按钮、再按动停放制动缓解按钮"这一步操作能恢复列车电路引起的停放动作；"拉开停放手动拉环"能恢复风管路引起的停放动作。

图2-13 打止轮器

【实训考核与评价】

任　　务	停放制动不缓解的应急处理			
班　　级		姓　　名		
考核日期		得　　分		
【考核要点】 1.能解读故障现象,判断紧急制动不缓解。 2.能逐条排查可能导致故障的原因,找出故障点。 3.在规定时间内做出应急处理,恢复列车状态。 4.处理过程中,有条不紊、不慌乱				
【考核内容】				
考核项目	考　核　标　准		分值	得分
着装	发型标准,服装标准		10	
故障处理	故障处理过程正确,操作动作标准,无违规操作		55	
安全意识	在车下操作时,有良好的安全意识		15	
时间限制*	在规定时间内完成		10	
表单填写	《电动列车运行故障记录单》填写正确,字迹工整		10	
指导教师意见:				
任务完成人签字:		日期:	年　月　日	
指导教师签字:		日期:	年　月　日	

注:*原则上不应超过2min。

思考与练习

一、填空题

1. 制动控制单元由_____和_____两部分组成。
2. 停放制动由_____施加制动力。
3. 若常用制动不缓解是由车载 ATP 设备引起的,可以操作_____开关。
4. 当紧急制动不能缓解、需要请求救援时,应将列车各台车_____全部切除以缓解制动。
5. 司机松开司机控制器主手柄的警惕开关时间过长会导致列车产生_____制动。
6. _____是导致列车产生停放制动不缓解的主要原因。

二、简答题

1. 对照制动控制电路,分析常用制动不缓解的可能原因。
2. 分析可能引发列车紧急制动的原因。
3. 识读紧急制动环路。
4. 描述停放制动的缓解过程。

项目三　车门系统故障应急处理

【项目说明】

　　车门系统是城市轨道交通电动列车安全运营的重要组成部分,起到供乘客乘降列车、保障乘客安全的作用。在列车运营的过程中,车门故障会给乘客带来不便,同时也会引发次生的安全事故。因此,地铁运营单位非常重视车门的工作质量,在发生车门故障时,要求电动列车司机及时、准确、妥善地进行应急处理,以保证列车安全、准时地完成当时、当次或当天运营任务。

　　通过本项目的学习和训练,使学生掌握车门系统故障的判断和分析方法,能在规定时间内处理主要几类车门系统故障。

【知识目标】

　　1. 掌握车门系统的结构、功能和控制原理。
　　2. 掌握车门系统故障的应急处理原则及要求。
　　3. 掌握车门系统主要故障的判断和应急处理方法。

【能力目标】

　　1. 能正确判断车门系统故障。
　　2. 能按规定进行车门系统故障时的应急处置。

【素质目标】

　　1. 培养时间观念。
　　2. 培养服务乘客的意识。
　　3. 培养独立分析问题的能力。
　　4. 培养动手解决问题的能力。
　　5. 培养"安全第一"的工作意识。

【建议学时】

　　12 课时:理论 4 课时,实训 8 课时。

【实训条件】

　　列车驾驶模拟器(具有车门系统主要故障模拟,并能随机设置不同的故障点)、单组车门。

知识准备：车门控制系统

客室车门一般由左右门板、电子门控单元（Electric Door Control Unit，简称 EDCU）、驱动机构、锁闭装置、行程开关和紧急解锁机构等组成，如图 3-1 所示。车门控制系统包括机械控制及电气控制两部分。

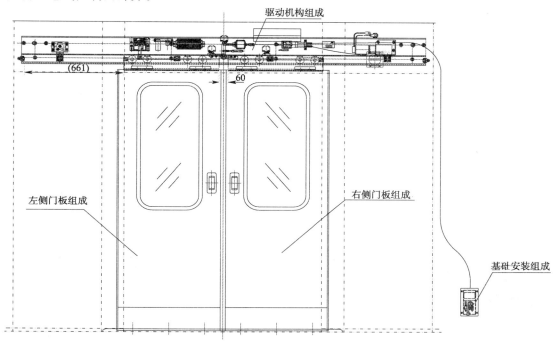

图 3-1　客室车门系统组成

1. 机械控制部分

机械控制部分由传动导向装置、内外紧急解锁装置、故障隔离锁等设备共同组成。

传动导向装置应用较多的为齿形皮带和丝杠螺母，其作用是将门体驱动电机的扭矩转化为直线运动，使左右门板沿设定导轨滑动。

车门内外紧急解锁装置如图 3-2 所示，可实现机械手动开门操作，使乘客在发生突发事件时可以迅速疏散。紧急解锁与机构锁组成通过钢丝绳相连接。当操纵紧急解锁时，会使锁钩旋转从而将锁闭撞轴释放出来实现解锁，同时触发相应的行程开关（图 3-3 中，行程开关在机构锁上方），提供门被紧急解锁信号。在紧急解锁装置被拉下来后，如果列车速度大于零时，车门电机将产生一定的车门关紧力，当列车速度为零时车门关紧力消失，此时乘客才能打开车门。机构锁为图 3-3 中虚线框出的部分。

外部紧急解锁安装于车体外侧，只有司机、站务员等相关工作人员操作了四方钥匙将拉手解锁后，才能实现紧急解锁，进行紧急状况下的手动开门。

当单个车门由于门机构或电气故障不能投入运行或车门出现故障不能及时修理时，司机需要单独停止故障车门工作，使用的装置为位于门机构装置内的隔离锁闭装置，如图 3-4

所示。在操作时,用四方钥匙将车门隔离锁从"复位"转动到"隔离"位,使驱动机构机械锁闭,同时触发行程开关,将隔离信号传至电子门控单元(EDCU),提供门被隔离锁闭信号;同时,EDCU自动切断该车门的控制回路,点亮隔离指示灯,并向列车计算机报告该车门退出服务,保证车辆的正常运行工作。注意:当门被四方钥匙锁闭时,紧急解锁不能将其打开,即隔离锁未锁上,操作紧急解锁可实现机械手动开门操作。

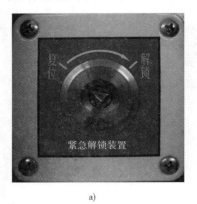 

图 3-2 车门内外紧急解锁装置
a)内解锁;b)外解锁

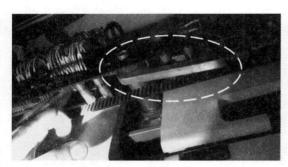 

图 3-3 车门机构锁　　　　　　　图 3-4 车门隔离锁

2. 电气控制部分

电气控制部分包括电子门控单元(EDCU)、行程开关、控制电路等。

1)电子门控单元(EDCU)

电子门控单元也称门控器,每扇车门均配备一套独立的门控器,实现对每一扇车门的单独控制。门控器是车门的"大脑",除了负责根据司机的开门与关门指令来控制门扇的开启与关闭动作外,它还能实现车门状态及故障的监控和显示、控制开关门速度、进行障碍物探测等。电动列车的所有门控器通过可靠的硬线及现场总线与该车厢的中央控制系统和监控系统相连接,实现整列车门的集中控制。门控器主要有以下功能:

(1)开/关门功能,包括车门的开、关状态显示;
(2)未关好车门的再开闭功能;
(3)开关车门的二次缓冲功能;
(4)集控开、关门操作控制信号的过滤性能:单次有效的开、关门操作等信号需保持

500ms 确认时限;

(5)障碍物探测重开门功能;

(6)车门故障切除功能(即门隔离);

(7)车门内/外紧急解锁功能;

(8)故障指示和诊断记录功能,并能被读出;

(9)零速保护(5km/h 保护)功能;

(10)自诊断防护功能。

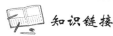知识链接

零速保护功能

当列车速度低于 5km/h 时,视为处于静止状态,在此状态下,零速输入信号为高电位信号;而当车速度大于 5 km/h 时,视为处于运行状态,在此状态下,零速输入信号为低电位信号,此时,没有完全关闭的车门将自动关闭,关好的车门保持关闭状态,门控器不再响应开关门操作。

为了保证电控开门操作的安全性,正常电控开门的执行必须处于零速信号有效状态,即车速小于 5km/h。

2)行程开关

行程开关能利用机械运动部件的碰撞使其触头动作来实现接通或分断控制电路,达到一定的控制目的。

车门上的行程开关作用是为门控器或 TCMS 提供车门开启到位、车门锁闭到位、紧急解锁、隔离等电信号,如图 3-5 所示。

图 3-5　行程开关

行程开关一般有门锁闭开关、门板到位开关、紧急解锁开关和隔离锁开关等元件。

(1)门锁闭开关。此开关是检测锁钩是否锁到位的开关,设有常开和常闭一组触点,分别提供给门控器和车门锁闭硬线环路。图 3-5 即为门锁闭开关。

(2)门板到位开关。此开关是检测左右门板是否到位。分为门板开关 1 和门板开关 2,各设有常开和常闭一组触点,分别提供给门控器和车门锁闭硬线环路。

(3)紧急解锁开关。此开关在操作紧急解锁装置到"解锁"位后触发。这个开关可以提供两个常开触点和两个常闭触点。紧急解锁开关动作后给门控器提供一个信号,同时切断车门锁闭硬线环路。

(4)隔离锁开关。此开关在操作隔离锁到"隔离"位后触发。这个开关设有常开和常闭一组触点,分别提供给门控器、隔离指示灯和车门锁闭环路。图 3-4 中有隔离锁开关。

3)控制电路

图 3-6 为 Tc 车第一对客室车门的控制电路,其余各扇车门、其他车厢的所有车门控制电路都类似。

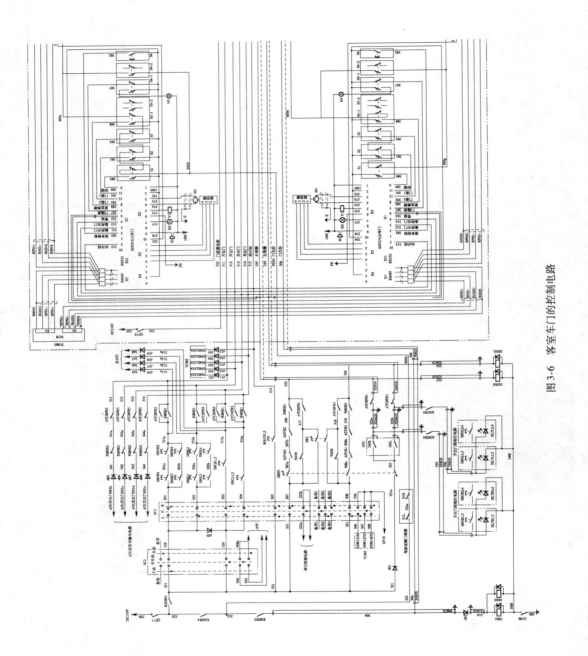

图 3-6 客室车门的控制电路

图中,车门控制电路的电源为 DC110V,由列车门电源保险开关 QF17 控制,如图 3-7 所示。当操作头车钥匙开关 KS 置于"ON"位时,钥匙开关继电器 KR 继电器得电,然后,头继电器 KSHR1~KSHR5 得电,车门控制电路也构建成立。

从图 3-6 可以看到,门控器要能进行开关门操作所需的指令有:

311 线:开右门;

312 线:开左门;

313 线:关右门;

314 线:关左门;

315 线:再开闭;

324 线:左门使能;

325 线:右门使能;

图 3-7 列车门保险开关

此外,305 线和 306 线为门关好指令。

(1)门使能

正线运营列车进行开门作业的重要条件之一为列车安全停车,该速度信号被称之为"零速信号",由车载 ATP/ATO 提供或由列车的"5km/h 继电器(图 3-6 中的 5SDR)"提供。停车条件具备时,列车通过车载信号系统的逻辑运算,产生允许左侧列车门开启的"左门使能"信号或允许右侧列车门开启的"右门使能"信号,通过"325 线"或"324 线"将其发送给门控器,同时使操纵台上的门允许指示灯点亮。门控器必须接收到"左门使能"或"右门使能"信号,再由司机按下对应方向的开门按钮,才能控制相应侧的车门打开。图 3-8 为车门控制电路的门使能信号控制部分。

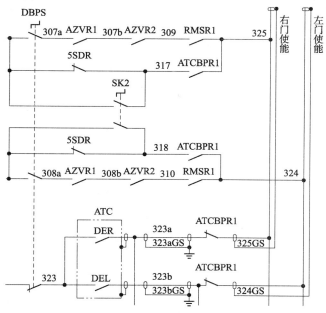

图 3-8 门使能信号控制电路

练一练

你能从图 3-6 中指出开左门按钮、开右门按钮、关左门按钮和关右门按钮对应的开关吗？

开左门按钮为 SBOL1、SBOL2、SBOL3 和 SBOL4。其中，SBOL1 和 SBOL2 位于操纵台上，SBOL3 和 SBOL4 位于驾驶室左侧墙上。

开右门按钮为 SBOR1、SBOR2、SBOR3 和 SBOR4。其中，SBOR1 和 SBOR2 位于操纵台上，SBOR3 和 SBOR4 位于驾驶室右侧墙上。

关左门按钮为 SBCL1 和 SBOL2。其中，SBCL1 位于操纵台上，SBCL2 位于驾驶室左侧墙上。

关右门按钮为 SBCR1 和 SBOR2。其中，SBCR1 位于操纵台上，SBCR2 位于驾驶室右侧墙上。

（2）门选向和开关门模式

由于线路和站台布置不同，列车在不同车站的开门侧也不相同。如前所述，门控器在收到"门使能"信号且相应侧的开关门按钮被按下后，对应侧车门才会产生动作，而控制是开关左侧车门还是右侧车门的，就是电路图中的"SC3"——"门选向"开关，如图 3-9 所示。

当前各城市新开通的城市轨道交通线路普遍采用了先进的列车自动控制系统（Automatic Train Control，简称 ATC），列车的运行可由其子系统——列车自动驾驶系统（Automatic Train Operation，简称 ATO）来控制。在此基础上，全列客室车门的开关模式也可以自由选择：是自动开关门、还是手动开关门。对应这项选择的操纵开关称为"门模式选择"开关，如图 3-10 所示，即电路图中的"SC2"。

 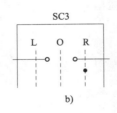  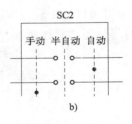

a) b) a) b)

图 3-9 门选向　　　　　　　　　　　图 3-10 开关门模式选择
a) 门选开关；b) SC3　　　　　　　a) 门模式选择开关；b) SC2

"门模式"对应着车门的三种开关方式：自动（AA）、半自动（AM）和手动（MM）。

在"自动"模式下，车门可以通过 ATO 系统的控制自动打开、自动关闭，ATO 是车门控制命令的发出者。当列车到达定位停车点，ATO 发出停车信号给 ATP，以保证列车制动；ATP 检测车速为零，发送列车停站信号给站台定位接收器，此时 ATP 发送允许车门打开信号，车辆收到 ATP 发送的允许车门打开信息，发送相应的车门打开信号给门控器，打开规定的车门，同时车辆发送信息给地面，打开相应屏蔽门。当列车开门时间到达设定值、该关闭，ATO 再向各客室车门的门控器发送关门信号，关闭车门。

在"半自动"模式下，ATO 控制车门自动打开；关门时，先将"SC3"扳至站台侧（L 或 R），然后通过按下操纵台或驾驶室侧墙上的"关门按钮"（图 3-11），将关门指令发送给相应侧门控器。

"手动"模式下，客室车门的打开和关闭全由人工控制——即手动按下开门按钮（图 3-12）和关门按钮。

（3）车门再开闭

单个车门在关闭过程中若遇到障碍物,将进行防挤压检测,若检测超过三次,车门最终会停止在开启状态。这时,通过按下"再开闭"按钮(MACD1 和 MACD2,分别对应左、右侧墙按钮)给未关闭车门的门控器发送再开闭指令,未关好的车门进行关门动作,已关闭的车门保持原状态。"再开闭"按钮如图 3-13 所示。

图 3-11　关右门

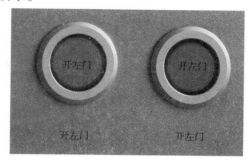

图 3-12　开门按钮

当车门关好后,通过串联所有车门的关门到位行程开关(S1、S2、S3 和 S4),使门关好继电器 DIR1 和 DIR2 得电。这两个继电器分别控制着门关好指示灯(或关门灯,绿色,图 3-14)和牵引控制回路的电路。也就是说,当某个车门未关好、继电器 DIR1 和 DIR2 不得电时,驾驶室内的门关好指示灯不会点亮,牵引控制回路也不会构建成立。

图 3-13　车门"再开闭"按钮

图 3-14　门全关闭指示灯/关门灯

想一想

为什么需要串联所有的关门到位行程开关,而不是将它们并联?

此外,车门的每一个状态都会由门控器通过相应的列车线发送给 TCMS,如开启、关闭、故障、隔离等。这些信息反映在操纵台的列车监控显示屏上,司机可以随时观察到。

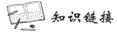

CBTC 系统

CBTC 系统(Communication Based Train Control System,基于无线通信的列车自动控制系统)是目前广为使用的城市轨道交通信号系统,其特点是用无线通信媒体来实现列车和地面设备的双向通信。

CBTC系统作为列车自动控制（Automatic Train Control，简称ATC）系统的实现形式之一，行车控制可以含有不同层次的轨道自动化技术，包含以下几种主要功能：列车自动防护（Automatic Train Protection，简称ATP）、列车自动运行（Automatic Train Operation，简称ATO）、列车自动监控（Automatic Train Supervision，简称ATS），可以做到90s的行车间隔，实现移动闭塞，满足客流不断增长的需要。CBTC系统还能够实现移动闭塞、点式固定闭塞、联锁控制等三级控制模式，并可以自由切换与升降级。

2010年末，北京地铁亦庄线的顺利开通标志着我国成为继德国西门子、法国阿尔斯通、加拿大庞巴迪后第四个成功掌握CBTC核心技术并顺利开通应用实际工程的国家，实现了全生命周期性价比最高的目标，比引进系统低20%左右。

任务一　全列车门打不开的应急处理

学习情境

2014年9月28日，某城市地铁1号线上一列使用自动驾驶模式运行的列车，门模式为"半自动"，在××站台停车后，全列客室车门不动作。司机将驾驶模式降至自动防护人工驾驶模式，扳动"门选向"开关至站台侧，按下相应开门按钮，列车车门仍然不动作。

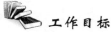

工作目标

在规定时间内找出故障点、判断故障严重程度，根据情况做出相应处理，使车门打开。

一、故障现象与分析

1. 故障现象

列车使用自动驾驶模式运行、门模式采用"半自动"（即车门自动开、手动关）时，进站停稳后，操纵台上的"门允许灯"不点亮（门允许灯见图3-15），全列客室车门不打开。手动将"门选向"开关扳至站台侧，按下开门按钮，列车车门仍然没有反应。

2. 故障分析

1）开门控制原理

如图3-16所示的开门控制电路示意图，列车开门时必须具备三路信号方可开门：

一路为信号系统提供的门使能信号，它经由：DC110V电源→头车继电器钥匙开关触点→门使能继电器触点，给车门门控器提供开门使能信号，并通过门使能继电器使"门允许灯"点亮；

另一路为车辆系统提供的开门指令信号，它通过：DC110V电源→头车继电器钥匙开关触点→门模式选择开关→门选向开关→开门按钮，给车门门控器提供开门指令；

图3-15　门允许灯

最后一路为列车的零速信号，即列车必须在静止状态下，门控器才响应开门指令。

在以上三路信号中，"门允许灯"可以直接反馈给司机，是指示司机能否进行开关门操作的信号。在正常情况下,"门允许灯"不亮,说明不能进行开关门操作。"门允许灯"的控制电路原理如图3-17所示。

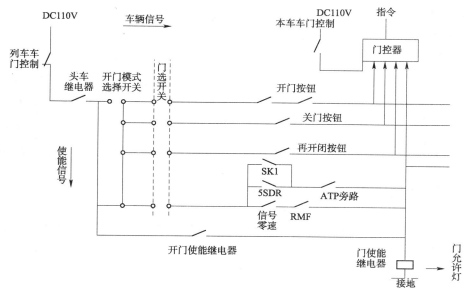

图3-16 开门控制电路示意图

2)影响正常开门的原因

从电路原理上分析,控制"门允许灯"电源的是车载信号发出的左门使能或右门使能信号。门使能信号发出的条件为:①DC110V电源正常;②车载ATP状态正常;③列车安全停稳;④列车停在规定位置。若这些条件不满足,即使司机按下开门按钮,车门也不会打开。

如果列车未对准停车标停车,需要司机手动驾驶列车直到对标停稳;如果门控制电源断开,需要检查并闭合相应保险开关;如果是车载ATP故障导致"门允许灯"不亮,则需要切除ATP或短接车载ATC。

当切除车载ATP后,控制"门允许灯"电源的是车辆提供的零速信号,即5km/h继电器(5SDR)得电吸合。若该继电器因故不能吸合,那在切除车载ATP的基础上,还需要通过短接电路的方式绕开故障继电器,使用的开关为"零速旁路",如图3-18所示。

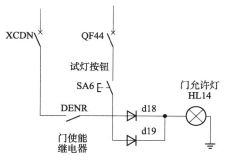

图3-17 "门允许灯"的控制电路原理

图3-18 "零速旁路"开关

二、故障应急处理

根据故障点不同,全列车门打不开可能导致列车晚点或清人掉线。司机应对照产生故障的可能原因,按开关位置逐一做出排查,见表3-1。

故障应急处理操作流程表　　　　　　　　表3-1

序号	检查内容	操作	图示
1	检查信号显示屏显示停车位置是否正确	若无停车位置显示,可向前点动列车	
2	检查列车门保险是否跳开	若跳开,应将其闭合	
3	检查门允许灯是否点亮	若仍不亮,应按"门允许"按钮查看是否点亮;若无效,应将驾驶模式降至限制人工驾驶模式(RM),司机控制器主手柄置于"紧急"位,门选向开关扳至站台侧,门模式开关至"手动"位	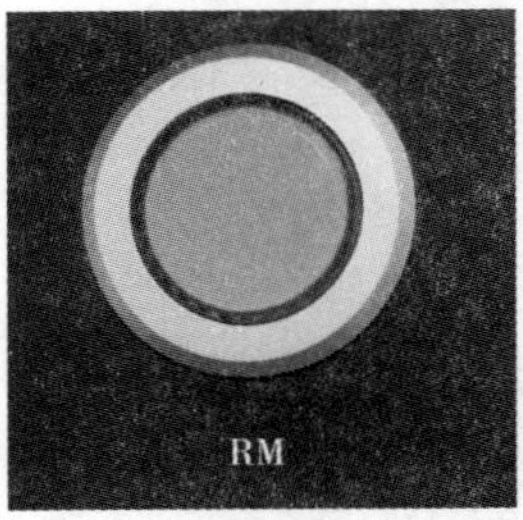
4	观察门允许灯是否点亮	若点亮,应进行开门作业;若仍不亮,应与行车调度员联系,申请将驾驶模式降至非限制人工驾驶模式(非限位,即切除车载ATP)	

项目三 车门系统故障应急处理

续上表

序号	检查内容	操 作	图 示
5	检查门允许灯是否点亮	若仍不亮,应将"零速旁路"开关扳至"旁路"位试验,听到零速旁路蜂鸣器响(根据车型不同,有些列车此处为短接开门使能开关,应听到开门旁路蜂鸣器响)	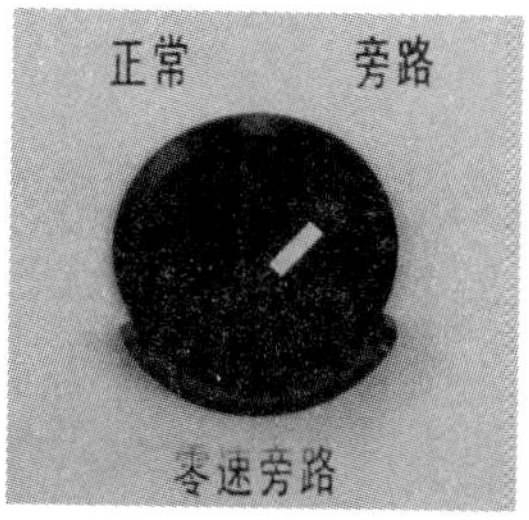 
6	检查门允许灯是否点亮	按开门按钮进行开门试验(可分别试验操纵台上和侧墙上的开门按钮);若仍不能打开,应更换到尾端驾驶室进行试验	
7	进行以上检查	若仍不能打开车门,应视情况使用车内或车外紧急解锁装置,手动打开车门,并与行车调度员联系,申请立即清人掉线	

55

若全列车门无法打开的故障是在"门允许灯"点亮之后,则可能有如下原因:①门选向故障;②开门按钮故障;③连接开门按钮或门选向的线路故障。故障处理按照如表3-2流程进行。

故障处理操作流程表　　　　　　　　　　　　　　　表3-2

序号	检查内容	操作	图示
1	检查开门模式选择开关	扳至"手动"模式	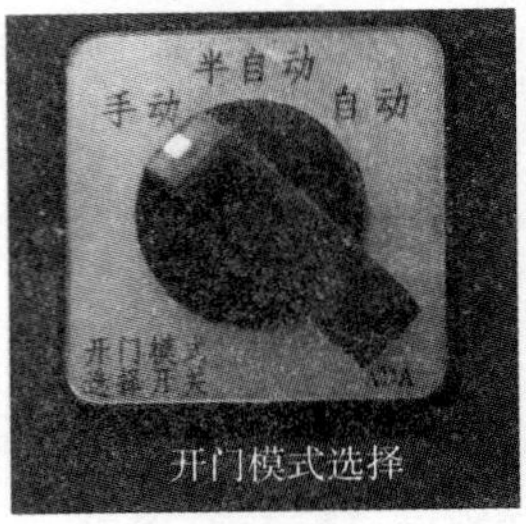 开门模式选择
2	检查门选向开关的位置	确认打至站台侧,反复扳动试验	 左右门选择
3	检查开门按钮	确认开门按钮操作正确,反复按动几次,或使用侧屏开门按钮进行试验	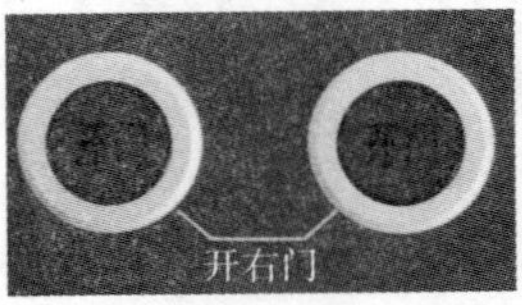 开右门
4	更换操作台重复上述步骤进行试验	若尾端操纵台能打开车门,应联系行车调度员清人掉线	
		若尾端操纵台不能打开车门,应与行车调度员联系,申请立即清人掉线,并利用紧急解锁装置打开客室车门,从站台清客	

三、注意事项及要点总结

全列车门打不开的故障,严重影响地铁线路正常运营秩序。司机在进行手动开门作业的同时,务必向乘客说明有关故障的处理情况。若在早晚高峰期间出现此类故障,不仅影响本线的运营,对整个地铁网络的运营也将产生不可估量的影响。因此必须掌握一定的方法,快速进行处理。

首先要仔细观察故障现象。与车门相关的信息指示有很多,如:表示车载 ATP 状态的信号显示屏、表示列车停靠位置的对位图标、表示列车门使能信息或零速信息是否给出的"门允许灯"、表示开门方向的"门选向"开关、表示车门控制电路电源的 DC110V 电压表(图3-19)、表示操作按钮电源的 DC24V 电压表(图3-20)、表示车门控制电源是否闭合的保险开关等。

图 3-19 DC110V 电压表

图 3-20 DC24V 电压表

其次要快速准确判断故障原因。若发现"门允许灯"不亮,就要想到列车是否对标停车、车载 ATP 是否故障,然后进一步观察信号显示屏的显示,发现异常果断申请切除 ATP 试验开门;排除车载 ATP 的原因后,要进一步查看车辆继电器、开关是否故障,通过观察电源控制开关或 DC24V 电压表等,来判断控制电源是否出现故障。

最后要果断正确处置。能直接判断故障原因时,可以操作响应的开关予以处理;不能直接判断故障原因时,就需要通过试验来恢复故障。例如:"门允许灯"故障的情况下,难以直接判断故障点,要先试验手动模式开门;"门选向"开关故障时,无法直接判断,要试扳几次再开门;"开门按钮"故障时,可以试验另一对侧墙按钮;车辆零速继电器故障,不能看出现象,只能通过短接零速旁路的方式试验。

另外,每列车都有两个驾驶室,这两个驾驶室的功能是相同的。在前端驾驶室无法开启车门时,可以选择至尾端驾驶室操作。当无法找出故障、不能开启车门时,最终可以使用机械方法,直接操作紧急解锁装置开启车门。

注意:处理完车门故障后,务必恢复"门选向"开关、各种旁路开关、保险开关等部件,否则会影响列车的牵引运行。

【实训考核与评价】

任　　务	全列车门打不开的应急处理			
班　　级		姓　　名		
考核日期		得　　分		

【考核要点】

1. 能解读故障现象，判断全列车门打不开。
2. 能逐条排查可能导致故障的原因，找出故障点。
3. 在规定时间内做出应急处理，恢复列车运行。
4. 处理过程中，有条不紊、不慌乱。

【考核内容】

考核项目	考核标准	分值	得分
着装	发型标准，服装标准	5	
故障处理	故障点排查正确（与模拟器中预先设置的故障点一致）	50	
	操作动作标准，无违规操作	15	
乘客服务	有为乘客做好解释的意识	10	
时间限制*	在规定时间内完成	10	
表单填写	《电动列车运行故障记录单》填写正确，字迹工整	10	

指导教师意见：

任务完成人签字：　　　　　　　　　　　　　　　　日期：　　年　　月　　日

指导教师签字：　　　　　　　　　　　　　　　　　日期：　　年　　月　　日

注：*原则上不应超过5min。

任务二　全列车门关不上的应急处理

学习情境

2014年10月11日，某城市地铁9号线上××列车在一站台进行手动关门作业，司机按下"关右门"按钮后，列车车门不关闭。选择另一个"关右门"按钮，列车车门仍不关闭。

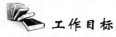
工作目标

在规定时间内找出故障点、判断故障严重程度，根据情况做出相应处理，使车门关闭。

项目三 车门系统故障应急处理

一、故障现象与分析

1. 故障现象

司机按下"关右门"按钮后,全列右侧车门无动作,列车监控显示屏上右侧车门光带仍然显示车门开启的颜色——黄色,如图 3-21 所示。

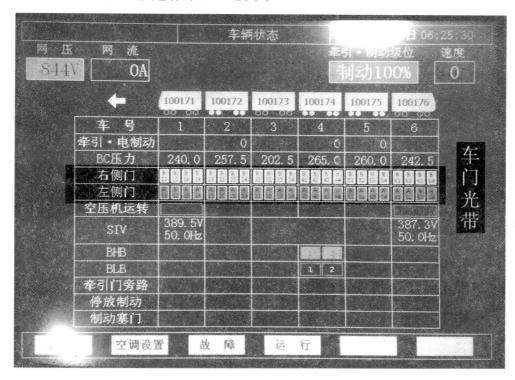

图 3-21 车门光带显示

2. 故障分析

练一练

指出车门控制电路中手动关左门、手动关右门的线路。

从图 3-6 所示的车门控制电路中可以看到,手动关左门的过程为:

DC110V 电源→220 线→车门控制保险开关 QF17→头继电器 KSHR4→321 线→门模式选择开关 SC2 在"手动"位→328 线→门选向开关在"L"位→304 线→关门按钮 SBCL1 或 SBCL2→314a 线→ATC 旁路继电器 ATCBPR3 失电闭合或 RMSR1 闭合→314 线:关左门指令。

手动关右门的过程为:

DC110V 电源→220 线→车门控制保险开关 QF17→头继电器 KSHR4→321 线→门模式选择开关 SC2 在"手动"位→328 线→门选向开关在"R"位→303 线→关门按钮 SBCR1 或 SBCR2→313a 线→ATC 旁路继电器 ATCBPR3 失电闭合或 RMSR1 闭合→313 线:关右门指令。

由以上线路原理看到,影响列车关门作用的开关或部件有:DC110V 控制电源、车门控制保险、"门模式选择"开关、"门选向"开关、关门按钮、连接线等。因此,当发生全列车门关不上的故障时,可以首先从以上开关和部件中查找原因。

二、故障应急处理

根据故障点不同,全列车门关不上可能导致列车晚点或清人掉线。司机应对照可能产生全列车门关不上的各项原因,按开关位置逐一做出排查,见表3-3。

故障应急处理操作流程表　　　　　　　　　　　表3-3

序号	检查内容	操 作	图 示
1	检查门模式选择开关	确认扳至"手动(MM)"位	
2	检查门选向开关的位置	确认打至站台侧,反复扳动试验	
3	检查关门按钮	确认关门按钮操作正确,反复按动几次(可先后试验操纵台上和侧墙上的按钮)	
4	检查车门再开闭按钮	使用再开闭按钮尝试关门	

续上表

序号	检查内容	操 作	图 示
5	检查车门控制保险开关	将开关断开后再闭合进行关门试验;若该保险连续跳开,换到尾端驾驶室进行试验	
6	仍关不上门时	将钥匙开关扳至"OFF"位将车门关闭	
7	仍关不上门时	更换操作台重复上述步骤进行试验,能关门后与行车调度员联系立即清人掉线;若更换操纵台仍不能关门,与行车调度员联系立即清人掉线,手动关门	

三、注意事项及要点总结

在处理中,注意首先将"门模式选择"开关置于"手动(MM)"位,这时才能使用关门按钮进行关门作业。门模式选择开关是选择列车车门自动操作或手动操作的部件。当司机选择"自动(AA)"模式时,列车门由车载信号系统控制,不需要人工干预。如果车载信号系统故障,则不能自动完成关门作业。

在开门状态下闭合车门控制保险开关时,车门会自动关闭,但无防挤压功能,同时列车门开好灯常亮。在执行此项操作时,密切注意乘客乘降情况,并通过广播进行提示,防止夹人。

更换操纵台时,注意先将操纵端的驾驶台置于未激活状态,将钥匙拔出,以免两边的驾驶室发生抢头(同时激活)的

图 3-22 屏蔽门 PSL

情况。

对于有屏蔽门的站台来说,列车车门的打不开或关不上可能会影响屏蔽门的开关,这时司机需要通过操纵屏蔽门的 PSL(Local Control Panel,就地控制盘)来手动打开或关闭屏蔽门,PSL 如图 3-22 所示。

【实训考核与评价】

任　　务	全列车门关不上的应急处理		姓　　名	
班　　级				
考核日期			得　分	
【考核要点】				
1. 能解读故障现象,判断全列车门关不上。 2. 能逐条排查可能导致故障的原因,找出故障点。 3. 在规定时间内做出应急处理,恢复列车运行。 4. 处理过程中,有条不紊、不慌乱。				
【考核内容】				
考核项目	考核标准		分值	得分
着装	发型标准,服装标准		5	
故障处理	故障点排查正确(与模拟器中预先设置的故障点一致)		50	
	操作动作标准,无违规操作		15	
乘客服务	有为乘客做好解释的意识		10	
时间限制*	在规定时间内完成		10	
表单填写	《电动列车运行故障记录单》填写正确,字迹工整		10	
指导教师意见:				
任务完成人签字:		日期:	年　　月　　日	
指导教师签字:		日期:	年　　月　　日	

注:*原则上不应超过 5min。

任务三　单节车门打不开的应急处理

学习情境

2014 年 9 月 30 日,在高峰时间段,某城市地铁 10 号线上 10017 号列车在××站台停车后,司机正常进行开门作业,发现 3 号车车门不动作。

工作目标

在规定时间内找出故障点、判断故障严重程度,根据情况做出相应处理,尽量恢复列车运营。

一、故障现象与分析

1. 故障现象

司机在站台进行开门作业时,发现有一节车辆的门不动作,从操纵台上的监控显示屏看到,这节车辆车门光带的颜色显示与其他车门不同,如图 3-23 所示,虚线框圈出的为未关闭的车门。

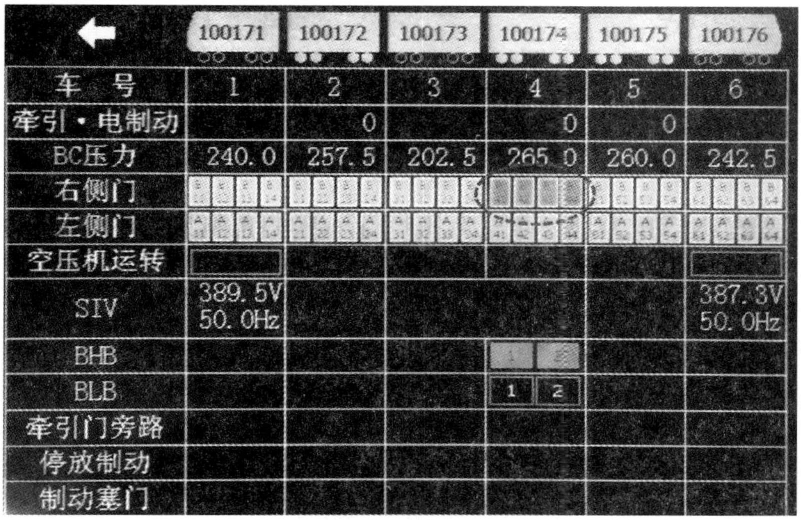

图 3-23 列车监控显示屏的车门光带显示

2. 故障分析

在前面已经分析过,车门的开门动作需要三个条件:①零速信号;②门使能信号;③开门指令。当这三个条件都满足的时候,门控器才操纵车门驱动电机旋转,并通过传动机构带动左、右门板打开。注意到:门控器本身的工作需要 DC110V 电源,由本车车门电源保险开关控制。图 3-24 为传输到一个门控器 EDCU 的信号指令,可以看到 332 线为门控器电源线,通过 QF18(本车门保险)与 220 线和 DC110V 电源连接。

因此,当单节车门打不开,除了要考虑开门按钮、列车线的原因外,更要重点检查每节车门控器的电源——本车门电源保险开关。

二、故障应急处理

单节车门打不开会影响乘客的正常乘降列车,降低运营服务质量。司机若不能及时处理,还会造成列车晚点,见表 3-4。

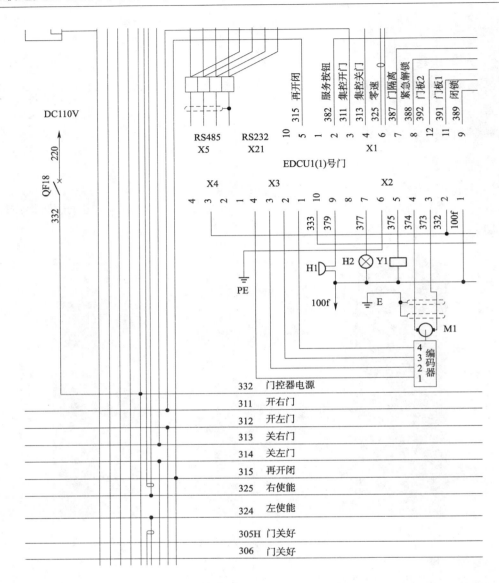

图 3-24 "门控器电源"线

故障应急处理操作流程表　　　　　　　　　　　　　　　表 3-4

序号	检查内容	操作	图示
1	检查开、关门按钮	反复按动开、关门按钮 1~2 次,可更换使用侧墙上的开门按钮	

项目三　车门系统故障应急处理

续二表

序号	检查内容	操作	图示
2	检查故障车控制柜内的本车门保险	跳开后将其闭合试验	
3	若本车门保险连续跳开闭合不上	与行车调度员联系,按其指示办理	

三、注意事项及要点总结

单节车门打不开时,注意广播通知故障车内乘客利用其他车厢车门下车。当客流较大时,应快速使用紧急解锁装置开启相应车门。

单节车门打不开具有偶发性,需要司机在进行开关门作业时,注意观察列车监控显示屏的门光带显示及开关门指示灯显示,以免出现故障而未能及时发现,影响乘客出行,造成负面影响。

 想一想

单节车门若关不上应该如何处理?

提示:除了本车门保险开关外,注意使用车门紧急解锁装置。

【实训考核与评价】

任　　务	单节车门打不开的应急处理		
班　　级		姓　　名	
考核日期		得　　分	
【考核要点】 1.能解读故障现象,判断单节车门打不开。 2.能逐条排查可能导致故障的原因,找出故障点。 3.在规定时间内做出应急处理,恢复列车运行。 4.处理过程中,有条不紊、不慌乱			

续上表

【考核内容】

考核项目	考 核 标 准	分值	得分
着装	发型标准,服装标准	5	
故障处理	故障点排查正确(与模拟器中预先设置的故障点一致)	50	
	操作动作标准,无违规操作	15	
乘客服务	有为乘客做好解释的意识	10	
时间限制*	在规定时间内完成	10	
表单填写	《电动列车运行故障记录单》填写正确,字迹工整	10	

指导教师意见:

任务完成人签字: 日期: 年 月 日

指导教师签字: 日期: 年 月 日

注: *原则上不应超过5min。

任务四　单个车门关不上的应急处理

学习情境

2014年10月15日晚高峰刚过不久,某城市地铁7号线上07013号列车在车站进行开门作业,司机发现5号车左侧2门有防挤压动作,该门关不到位。

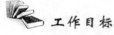

工作目标

在规定时间内准确判断故障类型,根据情况做出相应处理,尽快恢复列车运营。

一、故障现象与分析

1. 故障现象

单个车门关不上,列车监控显示屏的门光带显示故障门非正常色,同时操纵台上的开门灯亮(图3-25)。

2. 故障分析

1)车门传动原理

以齿形皮带传动的客室车门为例:门控器得到开、关门指令,驱动电机得电旋转,旋转通过锥齿轮减速箱变向及减速,输出到电机齿带轮,电机齿带轮旋转带动齿带动作,从而使齿带在齿带轮之间进行直线运动。齿带在做直线运动的过程中,通过齿带夹带动左右两个门吊板组成在安装底板的导轨中做方向相反且同步的运动,进而门吊板组成将运动传递给左右门板,使其在门框范围内进行开、关动作。

2)先期预判断原因

导致单个车门关不上的原因可能是电气原因,也可能是机械原因。电气原因包括列车监控显示屏显示不正确、门控器故障、门驱动电机故障、接线不良等;机械原因有门板异常、门滑动装置卡滞等。当出现防挤压动作时,很多原因是门板运行受到阻碍,如书包带进入侧墙、纽扣落入滑槽等。

图 3-25 "开门灯"点亮

根据故障现象,可以判断故障可能为:

(1)门控器发生故障;

(2)驱动电机发生故障;

(3)车门导轨下有异物(如乘客丢弃的杂物)造成卡滞;

(4)车门夹物,防挤压功能启动;

(5)车门齿带断开,无法进行关闭;

(6)由于乘客过多拥挤造成车门门扇变形;

(7)车门运行部件故障。

二、故障应急处理

单个车门关不上的故障会造成列车晚点,司机在处理时视情况还需到达故障车门处进行操作,应准备工具:手持电台、门故障帘、三角钥匙、四方钥匙和手电等,见表3-5。

故障应急处理操作流程表　　　　　表3-5

序号	操　　作	图　　示
1	再次进行关门试验,反复按动关门按钮或"再开闭"按钮1~2次	关右门
2	将司机控制器主手柄置于制动级位,通过列车监控显示屏找到故障车门,携带相关工具到达该车厢	

续上表

序号	操作	图示
3	确认车门下导轨有无异物卡住	
4	如车门仍不动作,用钥匙将门端盖打开,断开门控器电源保险	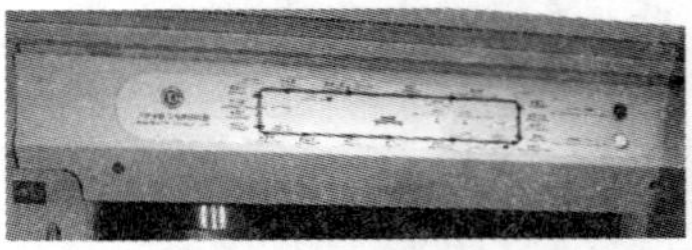
5	操作紧急解锁开关手动关门	
6	操作隔离锁将故障车门隔离	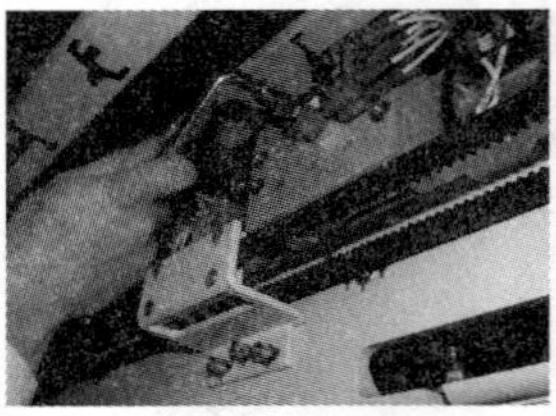
7	恢复门控器保险,将门端盖关闭,并进行一次试拉,确认门端盖锁闭	

续上表

序号	操 作	图 示
8	确认门故障灯点亮,挂好门故障帘	
9	若手动关门后门扇间距仍大于100mm,应与行车调度员联系,按其指示办理,并做好故障车门的防护	

三、注意事项及要点总结

关门联锁电路为列车控制线,是由各个车厢内各个门的三个行程开关(包括左关门、右关门和中控锁行程开关)串联关门联锁继电器而形成的环路,即代表所有车门全部关好时,此环路才可构建。为了保证列车只有在全部车门关好的情况下才可以行车,此环路失电将导致列车无牵引,所以关门联锁电路也称作安全电路(或绿色环线)。若环路中出现一个行程开关或其中一个接线端子出现问题,将会导致此环路无法构成,进而导致列车无法牵引。如果有一个门不能正常工作,就可以通过隔离锁来把关门联锁电路接通。

在从驾驶室前往故障门所在车厢时,司机应关好驾驶室侧门,从站台快速到达车厢,在此过程中与行车调度员联系,这样可以节约处理故障的时间。在故障处理的过程中,务必携带手持电台及播放广播,避免行车调度员呼叫时无人应答和乘客投诉。

若确认车门下有异物卡住,在清除异物时要沿着导轨槽往两扇门中间密封条位置移动,以免异物进入门扇两侧车体内,造成车门卡死。

闭合门控器保险时,不宜反复多次闭合。门控器保险对电路施行过载保护,如果跳开后多次强行闭合,很可能烧损电子元件。

手动强行关门时,要断开门控器保险,避免电机反向施加力而影响关门。

手动关门后,要注意将车门电气隔离。如果由于机械卡滞的原因无法进行隔离,行车前需要短接"门旁路"按钮。

门扇间距大于100mm时,影响乘客安全和行车安全,需要通知行车调度员,视情况立即清人掉线。

【实训考核与评价】

任　　务	单个车门关不上的应急处理			
班　　级		姓　　名		
考核日期		得　　分		

【考核要点】

1. 能解读故障现象,判断单个车门关不上。
2. 能逐条排查可能导致故障的原因,找出故障点。
3. 在规定时间内做出应急处理,恢复列车运行。
4. 处理过程中,有条不紊、不慌乱

【考核内容】

考核项目	考核标准	分值	得分
着装	发型标准,服装标准	5	
故障处理	故障点排查正确	20	
	携带工具齐全	20	
	故障处理动作标准,无违规操作	25	
乘客服务	有为乘客做好解释的意识	10	
时间限制*	在规定时间内完成	10	
表单填写	《电动列车运行故障记录单》填写正确,字迹工整	10	

指导教师意见:

任务完成人签字:　　　　　　　　　　　　　　　日期:　　年　　月　　日

指导教师签字:　　　　　　　　　　　　　　　　日期:　　年　　月　　日

注: *原则上不应超过5min。

任务五　门灯显示故障的应急处理

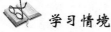

学习情境

2014年10月19日,在非高峰时间段,某城市地铁1号线上一列车在××站台进行开门作业,6号车侧墙门灯不亮,司机确认该节车车门全部开启;门灯显示与车门状态显示不符。

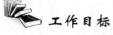

工作目标

在规定时间内准确判断故障情况,并做出相应处理,保障列车安全运营。

一、故障现象与分析

列车到站关门,单节车侧墙门灯不亮,但是通过观察发现该节车门已经开启。

从电路原理来看,单车侧墙门灯点亮的条件是:该节车所有客室车门中有一个未关闭到位或者任何一个车门开启。

二、故障应急处理

列车的车门系统是电动列车安全运营的重要组成部分,起到供乘客乘降列车、保障乘客安全的作用。在列车运营的过程中,司机通过各种与车门系统相关的指示灯显示来判断车门状态,如开门灯、关门灯、门允许灯等,保证车门系统在正常工作状态。如果门灯显示不正确,势必会影响司机的判断,进而降低运营工作的效率。门灯的主要故障及相应的处理操作介绍如表3-6所示。

门灯的主要故障及相应的处理操作流程表　　　　　　表3-6

序号	故障现象	操作	图示
1	列车对标停车,操纵台门允许灯不亮	按下"试灯"按钮,检查门允许灯是否故障	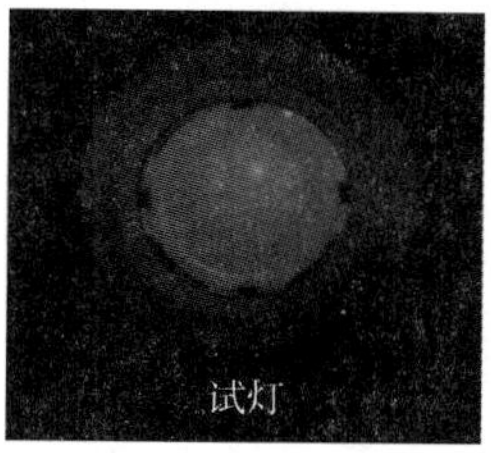
		若门允许灯未故障,则应按照全列车门打不开的办法处理	
		若门允许灯故障,则应按下开门按钮试开门	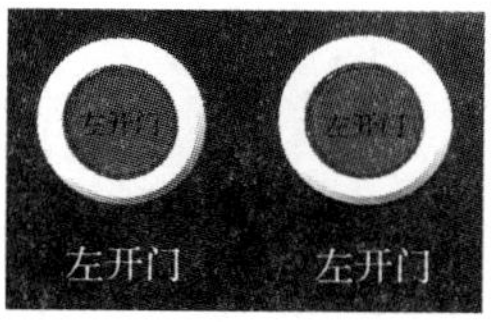
2	列车开门后,操纵台开门灯不亮	按下试灯按钮,检查开门灯是否故障	
		若开门灯故障,则通过列车监控显示屏上的车门光带仔细确认所有车门开启到位	

续上表

序号	故障现象	操作	图示
3	列车关门后,操纵台关门灯不亮	按下试灯按钮,检查关门灯是否故障	 试灯
		若关门灯未故障,则应重新开关一次车门	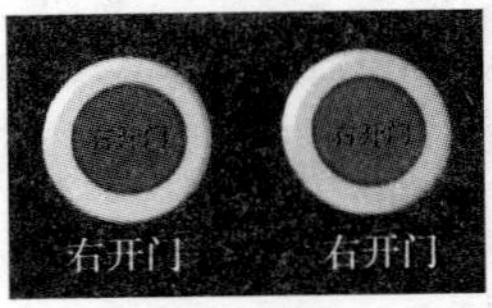  右开门 右开门 / 右门关
		若关门灯故障,则应通过列车监控显示屏上的门光带仔细确认所有车门关闭到位。向行车调度员申请终点站掉线	
4	列车开门后,车外侧壁门灯不亮	检查该节车车门是否开启到位,若都开启到位,则关门时通过列车监控显示屏仔细确认所有车门关闭到位	

三、注意事项及要点总结

门灯故障的概率较小,当故障发生时,会影响到司机操作判断。例如:门允许灯故障会影响司机对能否开门的判断,开门灯故障会影响司机对车门是否开启的判断,关门灯故障会影响司机对全列车门是否关闭到位的判断,但以上情况下,司机都可以通过列车监控显示屏、信号显示屏或其他辅助手段来判断列车的状态。

仅仅是门灯故障不会影响到列车的正常操作,司机依然可能开关车门、牵引列车。

【实训考核与评价】

任　　务	门灯显示故障的应急处理			
班　　级		姓　　名		
考核日期		得　　分		

【考核要点】
1. 能解读故障现象,判断门灯显示故障。
2. 在规定时间内做出合理判断,保证列车正常运行。
3. 处理过程中,有条不紊、不慌乱。

【考核内容】

考核项目	考核标准	分值	得分
着装	发型标准,服装标准	5	
故障处理	故障点排查正确	40	
	故障处理动作标准,无违规操作	25	
乘客服务	有为乘客做好解释的意识	10	
时间限制*	在规定时间内完成	10	
表单填写	《电动列车运行故障记录单》填写正确,字迹工整	10	

指导教师意见：

任务完成人签字：　　　　　　　　　　　　　　　　　　　　日期：　　年　　月　　日

指导教师签字：　　　　　　　　　　　　　　　　　　　　　日期：　　年　　月　　日

注：*原则上不应超过5min。

思考与练习

一、填空题

1. 门控器在收到_____信号且相应侧的开关门按钮被按下后,对应侧车门才会产生动作。
2. 单个车门在关闭过程中若出现防挤压动作,且最终停留在开启状态,可使用_____按钮使未关好的车门关闭。
3. 列车在站台对标停稳,司机看到_____灯点亮后,可以进行开门作业。
4. 手动开关客室侧门使用的装置为_____。
5. 司机可通过_____和_____确认全列车门关闭。

6. 单个门控器的电源为_____V。

二、简答题

1. 单个车门关不上的可能原因有哪些?
2. 分析车门打开需要的条件。
3. 分析"门模式"在"自动"下的开关门原理。

项目四　高压回路故障应急处理

【项目说明】

　　电动列车的高压回路系统承担着地面高压供电电源与列车高压负载之间的电气连接、电源分配等任务,具有过流、接地等各种保护功能。常见的高压回路设备有受流器,主要的元件包括断路器、熔断器、接地开关等。高压回路的故障会直接导致列车无法运行,处理此类故障必须具备良好的观察能力、分析能力、动手能力和安全意识,非常考验电动列车司机的业务能力和技能水平。

　　通过本项目的学习和训练,学生掌握高压回路故障的判断和分析方法,能在规定时间内处理主要几类高压回路故障。

【知识目标】

　　1. 掌握高压回路的功能。
　　2. 了解高压电源系统设备配置。
　　3. 掌握高压回路故障的应急处理原则及要求。
　　4. 掌握高压回路主要故障的判断和应急处理方法。

【能力目标】

　　1. 能识读高压电源电路和母线控制电路。
　　2. 能正确判断高压回路故障。
　　3. 能按规定进行高压回路故障时的应急处置。

【素质目标】

　　1. 培养"安全第一"的工作意识。
　　2. 培养良好的抗压能力。
　　3. 培养独立分析问题的能力。
　　4. 培养动手解决问题的能力。

【建议学时】

　　8课时:理论4课时,实训4课时。

【实训条件】

　　列车驾驶模拟器、带受流器的转向架、受流器分离钩、接地防护装置、劳保用品、受电弓模型(含脚踏升弓装置)。

知识准备:高压回路系统

1. 高压电源电路

高压电源电路是专门为列车牵引主电路和辅助电源主电路提供 DC750V 或 DC1500V 高压电源的电路,主要供电负载为各动车的牵引逆变器以及 Tc 车的辅助逆变器。

图 4-1 为四动二拖的六节编组列车的高压电源电路。列车分两个动力单元,前三辆 (Tc-M0-M1) 为一个动力单元,后三辆 (M2-M3-Tc) 为一个动力单元。两个动力单元之间的母线不连接。下面介绍一个动力单元的高压电源供电路径,另一个动力单元电路与之完全对称。

2. M0 车

由接触轨提供的 DC750V 高压电源正极经受流器 CS 到 501 线,然后分成三条支路,分别给 M0 车、M1 车和 Tc 车供电。

1)支路一(左侧支路)

经 M0 车的母线辅助熔断器 BAF 到 501C 线,经母线连接器至 Tc 车的 501C 线,从车间电源转换开关 BQS 到 671 线,分支两路:一路为网压表 PVH 的传感器 PT 提供高压电源;另一路经辅助高压隔离开关 AQS 至 672 线,通过辅助电源主熔断器 AF 到 673 线,再通过 SIV 辅助逆变器经 670G 线到辅助高压接地开关 AGS,最后经车端接地重联 500 线至 M0 车接地装置 EB1~4,从 M0 车的车轮、轨道回到高压电源负极。

2)支路二(中间支路)

经 M0 车的主隔离开关 MQS 到 502 线,再至主熔断器 MF,从 503 线、高速断路器 HB 至 504 线,通过 VVVF 牵引逆变器、500A 线到高压接地开关 MGS,最后从 500 线连至接地装置 EB1~4,经车轮、轨道回到高压电源负极。

3)支路三(右侧支路)

经 M0 车的母线高速断路器 BHB 到 501B 线,经母线连接器至 M1 车的 501B 线,从母线熔断器 BF、501A 线、母线隔离开关 BS 到 M1 车的 501 线,再经由 M1 车的主隔离开关 MQS 至 502 线、主熔断器 MF、503 线、高速断路器 HB,从 504 线连至 VVVF 牵引逆变器,通过 500A 线到高压接地开关 MGS,最后通过 500 线至接地装置 EB1~4,经 M1 车的车轮、轨道回到高压电源负极。

3. M1 车

由接触轨提供的 DC750V 高压电源正极经受流器 CS 到 501 线,然后分成两条支路,分别给 M1 车、M0 车和 Tc 车供电。

1)支路一(左侧支路)

经 M1 车的母线隔离开关 BS 到 501A 线,从母线熔断器 BF 到 501B 线,经母线连接器至 M0 车的 501B 线、母线高速断路器 BHB,从 M0 车的 501 线分支两路:一路同 M0 车的支路二,向 M0 车的 VVVF 牵引逆变器供电;另一路同 M0 车的支路一,向 Tc 车的 SIV 辅助逆变器供电。

2)支路二(右侧支路)

项目四 高压回路故障应急处理

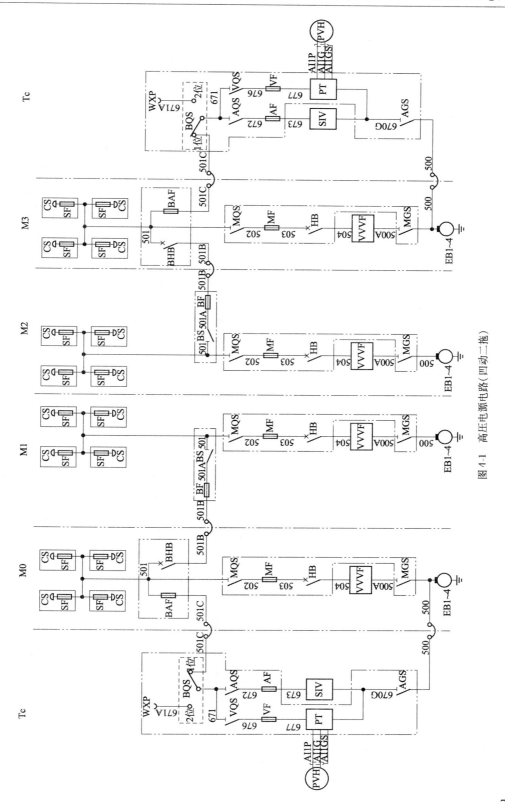

图4-1 高压电源电路(四动二拖)

经 M1 车的 MQS 主隔离开关到 502 线,再至主熔断器 MF,从 503 线、高速断路器 HB 至 504 线,通过 VVVF 牵引逆变器、500A 线到高压接地开关 MGS,最后从 500 线连至接地装置 EB1～4,经车轮、轨道回到高压电源负极。

另一个动力单元(M2-M3-Tc)的两辆动车的高压供电线路中,M2 车与 M1 车相同、M3 车与 M0 车相同。

 知识链接

电气基本符号见表 4-1。

电气基本符号　　　　　　　　　　　　　　表 4-1

符 号	名 称	符 号	名 称	符 号	名 称
⏚	接地一般符号	⏚	保护接地	▭	熔断器一般符号
	断路器		隔离开关		双向触点开关
	接触器(在非动作位置触点断开)		接触器(在非动作位置触点闭合)		具有自动释放的接触器
	手动操作开关的一般符号		自复位的按钮开关(具有动合触点)		旋转开关(具有动合触点)

4. 母线控制电路

图 4-2 所示为四动二拖的六节编组列车的母线控制电路。接触轨供电的线路由于各种各样原因会有长短不一的断电区,列车通过断电区时,会产生短时失电现象。在牵引工况下,当逆变器检测到欠压会停止工作,直到断电区结束逆变器再次接入电源,如此经常性的电流冲击缩短了逆变器的使用寿命,也影响牵引性能;而若制动工况正好通过断电区时,逆变器也停止工作,列车无法实施再生制动,只能由空气制动承担,增大单元制动的磨耗。此外,通过断电区时,辅助逆变器也会停止工作,影响空调机组和照明等功能的发挥。

电动列车母线电路接通的意义就是:在通过断电区时(如 14m 长)能确保牵引逆变器不断电,从而确保再生制动的稳定性;附带的好处是使两辆拖车的 SIV 辅助逆变器也不出现瞬时断电。即列车运行中始终能得到稳定的接触轨供电电源,保证列车各项功能的正常发挥。驾驶室(Tc 车)中的母线投入控制开关如图 4-3 所示。

通过 Tc 车闭合母线投入开关,将母线投入信号输入到列车控制与管理系统 TCMS。当电网电压大于 500V 且车速不小于 5km/h 时,TCMS 在判断母线投入条件成立后,输出 TCMS_BHB 允许信号控制 BHBR2 继电器得电。于是有:

(1) M0/M3 本车控制电源 220A 得电→QF12(380V 备用断路器)闭合→214 线→2K02(紧急牵引继电器)常开触点闭合→217 线→BHBR2 常开触点闭合→217a 线→TCMS 输出 BHB 合指令→534 线得电→BHBR1 得电,其主接点 BHB 闭合;

(2) 本车控制电源 220A→QF12 闭合→214 线→BHBR1 的 3 组常开接点闭合→BHB 得电,其主触点及辅助触点闭合;

项目四　高压回路故障应急处理

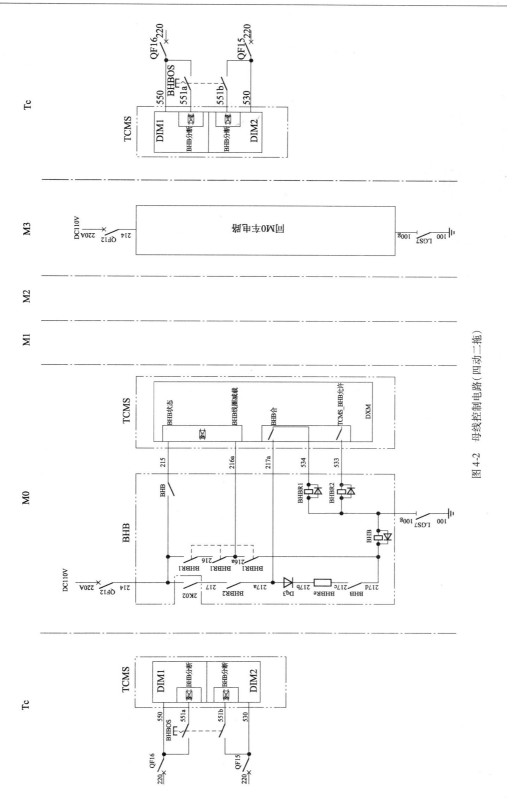

图 4-2　母线控制电路（四动二拖）

(3) 当 BHB 投入后一段时间后,TCMS 通过 216a 线输出 BHB 线圈减载指令,使 BHB 进入经济运行状态。

图 4-3 "母线投入"开关

当在列车行进时遇到头车侧高压短路或接触轨接地故障时,则母线高速断路器 BHB 会因 VL＜450V 或过流而及时脱扣,从而保护 BHB 之后一侧的变电所的高压输出不被短路。

母线高速断路器 BHB 的闭合有以下条件:①电网电压 VL≥500V[注:控制 2K02(紧急牵引继电器)的线圈见图 1-5];②车速 v≥5km/h;③列车钥匙开关 KR 位置正确。

5. 接地回路

图 4-4 为四动二拖的六节编组列车的接地回路。接地回路的主要功能是把负载电流安全、可靠地送回电源,从而保证电气系统的安全运行。接地的形式主要有三种:高压回路的接地、低压回路的接地、设备外壳的接地。接地开关容量应与主回路的电压、电流相匹配。

1) 高压回路的接地

在图 4-4 的接地回路中,M0～M3 车的牵引主电路电流流过高压接地开关 MGS,通过接地端子台 XT 后,分配给前后转向架附近的四个接地端子台 XT1～XT4,再通过 XT1～XT4 分别流向每根车轴的接地电刷的一个接地回路,通过车轮和轨道流向电网的负极。

两个 Tc 车不设接地装置,它的高压回路电流通过 Tc 车与 M0 车或 M3 车的连接导线 500 线流向 M0 车或 M3 车的 XT 接地端子台接地。每个动车的四个牵引电动机 IM1～IM4 的外壳接地线分别连接至各电机附近的车体接地座,再通过 XT2 和 XT3 分别流向轴 2、轴 3 的接地电刷,与接地电刷的另外一个接点相连,直接接地。这种为轴端接地方式,通过轴端的接地装置接地。还有一些列车的牵引电动机外壳直接与接地电刷的另外一个接点相连,实现接地。

2) 低压回路的接地

牵引控制电路、制动控制电路、车门控制电路、母线控制电路等都属于低压回路,低压回路的电源负极与车体相连,当负载出现接地故障或空气断路器之后的线路出现接地故障时,空气断路器就会跳闸。因此,当负载或线路与车体之间有漏电流时,可以断开不同的接地开关,从而判断故障位置,及时排除故障。

3) 设备外壳的接地

设备外壳接地就是将设备外壳和车体用导线相连,如果出现某种原因使设备外壳带低压电,则通过线路"设备外壳→车体→对应轴 2、轴 3 的接地端子台 XT2、XT3→接地电刷→车轮→轨道→电网负极"回流。

电动列车车下设备外壳需接地的有:牵引主逆变器箱、高压电器箱、制动机箱、辅助逆变器箱、辅助高压箱、变压器箱、接地开关箱等。设备外壳和车体接地螺栓之间的连线长度应尽量短。

此外,列车的各动车和拖车通过导线连为一体,如果 Tc 车车体带电,可通过 M0 车或 M3 车回流。

项目四　高压回路故障应急处理

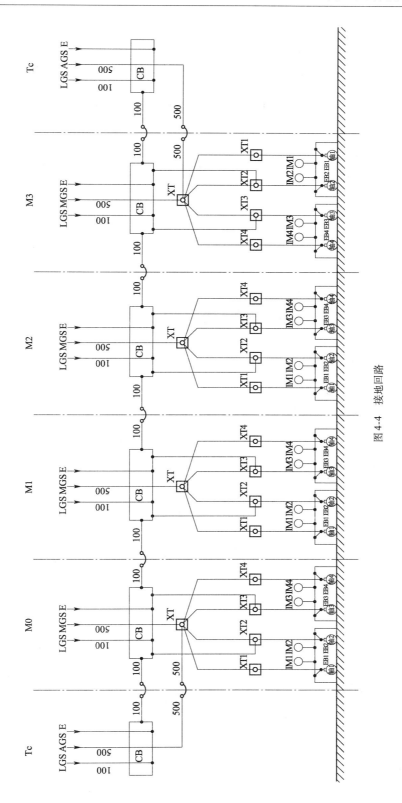

图 4-4　接地回路

6. 受流装置

根据供电方式不同,受流装置有受流器(受电靴)和受电弓两种。

受流器又名集电靴,是安装在列车转向架上,为列车从接触轨进行动态取流,满足列车电力需求的一套动态受流设备。

受电弓是电动列车从接触网取得电能的电气设备,安装在机车或动车车顶上,分单臂弓和双臂弓两种。双臂受电弓如图4-5所示。

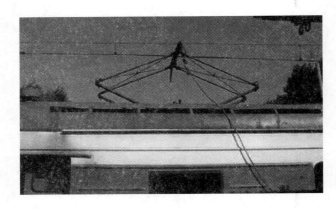

图4-5 双臂受电弓

两种供电方式的比较

北京地铁除6号线和14号线以外,均采用接触轨供电;上海地铁除建设中16号线外,均采用接触网供电;广州地铁4、5号线采用接触轨供电;天津地铁除9号线(津滨轻轨)采用接触轨供电外,1、2、3号线均采用接触网供电。

接触网供电是一种比较成熟的列车供电方式,其主要优点是对运营的影响较小,可以适应很高的行车速度,普遍应用于铁路和高速铁路。缺点是其构造相对复杂,运行状态容易受到气候和环境影响;且接触网日常维护检修和事故抢修不便,需要较多的维护人员和机械设备,故障率相对较高。架空接触网对城市景观有一定影响;在跨越建筑物和架空线时净高要求也相对较高。

接触轨供电方式在我国北方城市被广泛采用,其主要优点有:①结构简单,相对于接触网复杂的结构而言,建设成本相对较低;②故障率低;③检修维护成本低;④在地面及高级线路上抗自然灾害能力强(特别是对大风的抵抗能力);⑤与线路结合较好,不影响城市美观,对周围环境的影响较小。但接触轨也有其固有的缺点:①当运营期间线路设备(如道岔)故障时,对运营的影响较大,影响时间较长;②运营期间,当需要进行区间疏散时,会对乘客的人身安全造成较大威胁,需要做停电处理再清客;③夜间施工时,所有需要在轨行区进行的施工都需要停电挂接地线才可以进行作业,这样势必影响施工的效率;④车辆段、停车列检库内使用接触轨供电,致使进行车辆检修时,由于人员与接触轨的距离较小,需要停电、挂接地线后才可以检修,增加了操作流程和作业风险。

项目四 高压回路故障应急处理

任务一 接触轨无电/高压回路接地的应急处理

学习情境

2014年9月29日,某城市地铁5号线上××列车在区间正常运行过程中,司机通过网压表显示发现接触轨无电且长时间未恢复,与行车调度员联系后,维持列车惰行运行至前方车站规定位置停车。

工作目标

在规定时间内找出故障点、判断故障严重程度,根据情况做出相应处理。

一、故障现象与分析

1. 故障现象

网压表和列车监控显示屏上的网压显示均为"0",如图4-6和图4-7所示。

2. 故障分析

由图4-1所示的高压电源电路可以看到,网压表显示的电网电压是由传感器PT获取,导致网压显示为"0"的可能原因有:

(1)电力系统故障,造成接触轨无电;

(2)列车高压回路接地导致接触轨无电;

(3)有异物侵入车辆限界或车辆设备脱落,与受流器接触,造成接地;

(4)车辆部件故障,致使接触轨无电。

电力系统本身故障导致接触轨无电的情况不列入电动列车司机的应急故障处理范围内;本项目重点学习高压回路接地的应急处理。

图4-6 网压表显示"0"

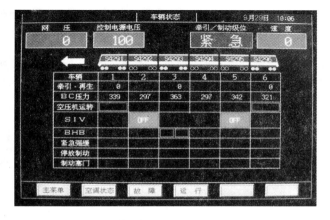

图4-7 列车监控显示屏的网压显示为"0"

二、故障应急处理

根据故障的严重程度不同,接触轨无电/高压回路接地可能导致列车晚点、清人掉线或申请救援。此类故障的故障点查找和应急处理需要下车进行,应注意安全,穿戴好防护用品,见表4-2。

故障应急处理操作流程表　　　　　　　　　　　　表4-2

序号	操　作	图　示
1	运行中的列车发生接地故障,应尽量维持运行至车站或视情况立即停车;不能运行到车站也要停于平直线路上,打开头灯做防护	
2	妥当制动,司机控制器主手柄至于"紧急"位	
3	断开各负载、母线投入开关和电制动开关	
4	穿戴防护用品、携带手电和手持电台等物品下车,必要时在无接触轨一侧的头端轮对旁打好止轮器,做好防溜措施,通过"眼看、耳听、鼻嗅"的方法找到接地点	
5	找到接地点后,通知行车调度员,申请接触轨停电	

项目四　高压回路故障应急处理

续上表

序号	操　作	图　示
6	确认接触轨已停电并做好接地防护,针对接地点不同,采取拆除、绑扎、挂受流器等方法解除接地点	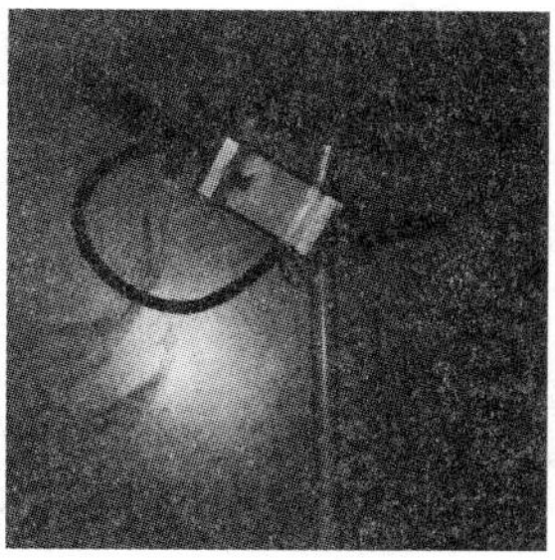
7	确认接地点完全解除、所有人员处于安全位置后,撤除接地防护	
8	通知行车调度员,申请接触轨送电	
9	若接触轨电压恢复正常,清人掉线回段;若供电恢复后列车再次接地,须抬起全部受流器,申请救援	

三、注意事项及要点总结

受流器或高压回路接地时列车网压表显示接触轨电压为"0",大多数情况下故障点处会发出异响,相关部位有电灼伤,伴有焦煳味或冒烟,因此司机在车下应认真查找有弧光、异音、异味、异响的位置。若有电灼伤、焦煳味及冒烟现象,须使用灭火器对故障点进行消隐处理,避免事故进一步扩大。

在得到停电通知后,应通过网压表和列车监控显示屏确认网压为"0",做接地保护时注意戴绝缘手套、穿绝缘鞋。

在确认接地点的过程中,应分别对列车两侧进行确认,若找不到可联系行车调度员,请求试送电。能够确认本列车接地但不能确认接地点时,将列车所有受流器挂起请求救援。挂起受流器的工具为受流器分离钩,如图4-8所示。

 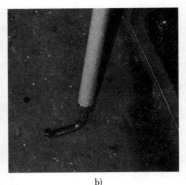

a)　　　　　　　　　　　　　b)

图4-8　受流器分离钩
a)上部;b)下部

若列车接地原因判断为是受流器接地导致,在处理中除了接地的受流器外,还要将该车辆的其余受流器一并抬起后,方能完全切断接地点。这是因为:每节动车的四个受流器为串联状态。接地点受流器处理完毕后如试送电不成功且再次发生火光、异响情况,说明接地点仍然存在,需立即报告行车调度员,听从指示,并挂起全部受流器,同时做好救援准备工作。

处置完列车高压回路接地的故障后,根据网压表和列车监控显示屏的显示确认接触轨已送电。在启动列车运行前,撤除止轮器,必须确认母线投入开关(即母线高速断路器BHB)在关断状态,防止造成二次接地。若不断开母线投入开关,当列车运行速度大于5km/h时,BHB自动投入工作,将列车高压母线重联,可使故障处所再次接地。

若请求救援,应注意列车风压,必要时接通总风塞门,防止列车因风压不足产生制动。

在处理故障的过程中,须严格执行各项安全规定,避免人身事故的发生和故障影响扩大。

【实训考核与评价】

任　　务	高压回路接地的应急处理		
班　　级		姓　　名	
考核日期		得　　分	
【考核要点】			
1.能解读故障现象,判断高压回路接地。 2.能判断出接地点。 3.在规定时间内做出应急处理,恢复列车运行。 4.能正确判断请求救援的状况。 5.处理过程中,有条不紊、不慌乱			

续上表

【考核内容】

考核项目	考核标准	分值	得分
着装	发型标准,服装标准	5	
故障处理	各开关、按钮位置正确	10	
	防护用品选择正确	10	
	接地防护措施妥当	15	
	能正确解除接地点	20	
	能正确使用工具抬起受流器	10	
	操作动作标准,无违规操作	10	
时间限制*	在规定时间内完成	10	
表单填写	《电动列车运行故障记录单》填写正确,字迹工整	10	

指导教师意见:

任务完成人签字: 　　　　　　　　　　　日期: 　年　月　日

指导教师签字: 　　　　　　　　　　　　日期: 　年　月　日

注:*原则上不应超过10min。

任务二　全列受电弓无法升弓的应急处理

学习情境

2014年10月9日,某城市地铁6号线车辆段的停车列检库内一司机对即将出库的××列车进行正常升弓作业,发现全列受电弓均不能升起。

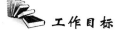

工作目标

在规定时间内找出故障点、判断故障严重程度,根据情况做出相应处理。

一、故障现象与分析

1. 故障现象

受电弓选择开关在"全弓"位(图4-9),司机按压"升弓"按钮(图4-10),全列受电弓无法升起;列车监控显示屏上显示无网压,逆变器无电压和频率输出。

2. 故障分析

1)受电弓升降工作原理

电动列车多采用气囊驱动的弹簧式受电弓,外形和结构如图4-11所示。受电弓可以在激活端驾驶室的操纵台上进行升降操作。

图4-9 受电弓选择开关

图4-10 "升弓"按钮

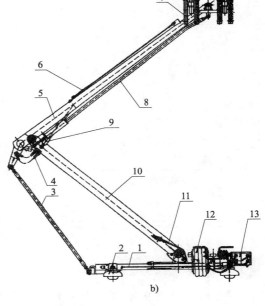

图4-11 受电弓
a) 升起状态；b) 结构图

1-底架；2-绝缘子；3-拉杆；4-软连线；5-上臂杆；6-调整钢丝；7-弓头；8-平衡杆；9-液压阻尼器；10-下臂杆；11-钢丝绳；12-气囊；13-电气控制箱

图4-12 "降弓"按钮

升弓时，当列车总风缸压力达到受电弓的额定工作气压时，按下"升弓"按钮，压缩空气就经车内电磁阀、受电弓控制系统进入空气弹簧，空气弹簧膨胀后推动钢丝绳带动受电弓下臂杆运动，下臂杆在拉杆的协助下托起上臂杆及弓头，由于平衡杆的作用，弓头能在工作高度范围内始终保持水平状态，并按规定的时间平稳地升至网线高度，完成整个升弓过程。

需要降弓时，按下操纵台上的"降弓"按钮（图4-12），控制系统释放空气弹簧中的压缩空气，受电弓在重力作用和阻尼器的辅助作用下平稳地落到底架上的橡胶止挡上，完成整个降弓动作。整个降弓过程在规定的时间内完成,并且受电弓的运动平稳对底架和车顶无有害冲击。

为了保证车辆的可靠性和可用性,全列车还设有辅助电动升弓泵和手动升弓泵,其中电动升弓泵用于主风缸压力过低但蓄电池电压正常的情况,而手动升弓泵用于主风缸压力过低且电池电压过低的情况。

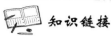

受电弓控制电路

受电弓控制电路见图 4-13。在图 4-13 中,2S01 为"升弓"按钮,2S02 为"降弓"按钮,2K31 为升弓继电器,2K32 为降弓继电器,2K33 为受电弓保持继电器,2Y01 为受电弓电磁阀,3K08 为车间电源继电器,2S15 为受电弓切除开关。升弓操作的目标:向 2Y01 供电。

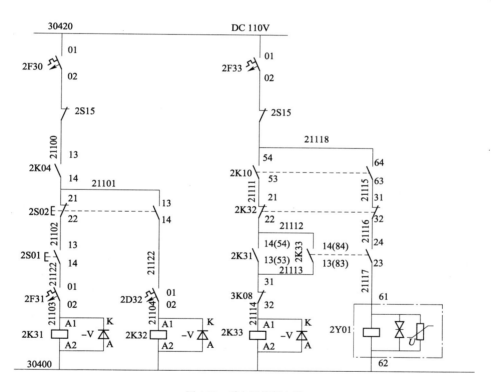

图 4-13 受电弓控制电路

2)影响升弓的原因

由受电弓的升弓工作原理不难看出,正常升弓的条件有:

(1)操纵台激活;

(2)总风缸压力达到最小工作气压;

(3)控制电压达到最小工作电压;

(4)没有使用车间电压供电。

这些条件有一项不满足,即可能产生受电弓不能正常升起的故障。

二、故障应急处理

根据影响受电弓正常升起的可能原因,逐一操作表4-3步骤。

故障应急处理操作流程表　　　　　表4-3

序号	操　　作	图　示
1	按压升弓按钮2~3次	
2	通过列车监控显示屏检查列车激活状态是否正常	
3	检查列车总风缸压力是否低于300kPa;若低于300kPa,但蓄电池电压在84V以上时,按压"升弓泵启动"按钮,待列车监控显示屏上"不可升弓"图标消失后,重新按压"升弓"按钮;若蓄电池电压不足,则不进行升弓	
4	若仍不能升弓时,检查受电弓控制保险是否闭合:若跳开,则重新闭合;若保险无法闭合,换端进行试验	

续上表

序号	操作	图示
5	以上检查确认列车激活状态、总风缸压力、保险均正常时,换端操作试验	
6	换端试验无效时,应将情况报告,等待检修人员处理	

三、注意事项及要点总结

受电弓是否成功升起、接触到电网,可以通过网压表的电压显示来确认。上述所介绍的全列受电弓无法升起的故障应急处理中,在总风缸压力不足但蓄电池电压足够的情况下,采用"升弓泵启动"按钮操作辅助风泵,使一个 Mp 车的受电弓先升起,继而升起其余受电弓。受电弓控制柜如图 4-14 所示,内有辅助压缩机。

此外,在车内还设有脚踏升弓装置,如图 4-15 所示。操作时,需先按下"升弓"按钮,再踩脚踏泵机械升弓。

图 4-14 受电弓控制柜

图 4-15 脚踏升弓装置

想一想

单个受电弓无法升弓应该如何处理?

单个受电弓无法升弓的处理步骤:

(1)检查升弓选择开关是否在"全弓"位;

(2)尝试降弓,再重新进行升弓操作;

(3)以上操作无效时,报告相关人员。

总的来说,受电弓不升弓或升弓不到位的原因有风路原因、电路原因和机械原因等。风路原因一般为压缩空气不足,或压缩空气质量欠佳,所含杂质、水分多,引发空气管路锈蚀、堵塞,造成风路不畅或不通;电路原因可能为电路中元器件损坏、电路接触不良等导致控制电无法到达被控部件;机械原因是机械卡位使压缩空气送到风缸后无法推动受电弓升弓或导致升弓不到位,如风缸、转轴等部件的变形。

此外，受电弓的常见故障还有绝缘子爬电和受电弓拉弧。接触网的故障也会影响受电弓正常工作。

【实训考核与评价】

任　　务	全列受电弓无法升弓的应急处理			
班　　级		姓　　名		
考核日期		得　　分		
【考核要点】				
1. 能解读故障现象，判断全列受电弓不升弓。 2. 能逐条排查可能导致故障的原因，找出故障点。 3. 在规定时间内做出应急处理，使列车受电。 4. 处理过程中，有条不紊、不慌乱				
【考核内容】				
考核项目	考 核 标 准		分值	得分
着装	发型标准，服装标准		5	
故障处理	故障点排查正确		40	
	操作动作标准，无违规操作		15	
脚踏升弓	正确使用脚踏升弓装置将受电弓升起		20	
时间限制*	在规定时间内完成		10	
表单填写	《电动列车运行故障记录单》填写正确，字迹工整		10	
指导教师意见：				
任务完成人签字：		日期：	年　月　日	
指导教师签字：		日期：	年　月　日	

注：*原则上不应超过5min。

思考与练习

一、填空题

1. 在处理高压回路接地的故障时，应断开＿＿＿＿、＿＿＿＿和＿＿＿＿。
2. 查找接地点的方法是＿＿＿＿、＿＿＿＿和＿＿＿＿。
3. 接触轨断电后，在解除接地点前，必须做的一项工作是＿＿＿＿。

4. 若列车一再接地,采取的解决方法是_____。

5. 若高压回路接地导致电灼伤、焦糊味及冒烟现象,采取_____(措施)对故障点进行消隐处理。

6. 按"升弓泵启动"按钮的条件是_____和_____。

7. 列车经过断电区时也能保证牵引逆变器不断电的电路是_____。

二、简答题

1. 导致受电弓不能升弓的可能原因有哪些?

2. 列车接地的形式有哪些?

3. 在处理高压回路接地的故障时,有哪些安全注意事项?

4. 在线上运行的一列车网压表突然显示为"0",请分析产生此现象的可能原因。

项目五　辅助电源故障应急处理

【项目说明】

　　辅助电源系统是城市轨道交通电动列车安全、稳定、高效运营的重要组成部分，是为电动列车的客室照明、风扇、空调、电暖及控制装置提供电源的基础系统。辅助电源对列车来说极为重要，当其发生故障时，会导致风源、制动、牵引等发生连锁反应，迫使列车停车且无法牵引运行，给运营秩序带来极大的影响。因此，地铁运营企业都非常重视辅助电源系统的运行质量，在发生辅助电源故障的情况下，要求电动列车司机准确判断故障并妥善处置，确保正线运营秩序不受到重大影响。

　　通过本项目的学习和训练，使学生掌握辅助电源系统故障的判断和分析方法，能在规定时间内处理主要辅助电源系统故障。

【知识目标】

　　1. 掌握辅助电源系统的组成、功能和控制原理。
　　2. 掌握辅助电源系统故障的应急处理原则及要求。
　　3. 掌握辅助电源系统主要故障的判断和应急处理方法。

【能力目标】

　　1. 能正确判断辅助电源系统故障。
　　2. 能按规定进行辅助电源系统故障时的应急处置。

【素质目标】

　　1. 培养良好的抗压能力。
　　2. 培养时间观念。
　　3. 培养独立分析问题的能力。
　　4. 培养动手解决问题的能力。

【建议学时】

　　8课时：理论4课时，实训4课时。

【实训条件】

　　列车驾驶模拟器或辅助电源的计算机仿真系统。

项目五 辅助电源故障应急处理

知识准备:辅助电源系统及控制原理

辅助电源系统的运行独立于列车牵引系统,主要由辅助逆变装置(简称 SIV,含逆变器、DC110V 充电机与 DC24V 电路)、辅助断路器、辅助熔断器、整流装置、扩展供电装置、蓄电池箱等组成。列车在正常运行状态时,使用的辅助电源由辅助逆变器提供,列车启动时或列车不能使用辅助逆变器的紧急情况下,辅助电源可以由列车蓄电池来提供。

1. 辅助电源系统的负载

辅助电源系统是为电动列车的客室照明、风扇、空调、电暖及控制装置提供电源的基础系统,能将接触网或接触轨的 DC1500V 或 DC750V 电逆变,输出三相 AC380V、频率 50Hz、有电隔离的交流中压,还能经整流器整流后输出 DC110V 和 DC24V 的直流低电压。

AC380V 电源为下列设备提供电力:空压机组、客室和驾驶室空调、牵引设备的通风、辅助逆变器的通风等。

经整流后输出的 DC110V 电源为以下设备供电:蓄电池充电装置、内部紧急照明、外部照明、列车监控系统控制单元、牵引控制单元、制动控制单元、车门系统控制单元、广播及乘客信息系统、通信系统和车载信号设备等。

经整流后输出的 DC24V 电源为以下设备供电:驾驶室操纵台各指示灯、控制柜内按钮、火灾探头等。

辅助电源系统的逆变装置如图 5-1 所示。具体供电负载如表 5-1 所示。

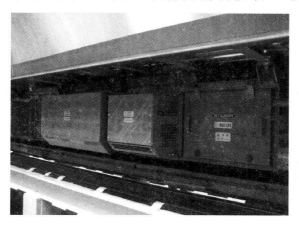

图 5-1 辅助电源系统的逆变装置

2. 辅助逆变装置

每列车配有两套辅助逆变装置(Static Inverter,简称 SIV)对列车供电,以及两组蓄电池供紧急情况下使用。辅助逆变器采用绝缘栅双极型晶体管 IGBT 开关元件,其容量为 1700V/1200A,输出稳定的三相 AC380V 电源;经整流器整流出 DC110V 和 DC24V 电源。图 5-2 为辅助逆变装置及低压电源的电路结构图。

辅助电源系统的供电负载　　　　　　　　　　表5-1

三相 AC380V 单相 AC220V	DC110V		DC24V
空调(冷凝风机)	客室应急照明	列车广播控制	仪表灯
空调(压缩机)	运行指令	闪灯报站装置	防护灯
空调(通风机)	牵引控制	LCD 显示屏	电笛
空压机	制动控制	监控系统	刮雨器
驾驶室送风单元	车门控制	PIDS 控制设备	ATP、ATO
客室照明	空压机控制	无线通信	
废排风机/幅流风机	外部指示灯	SIV 控制	
方便插座	客室内指示灯	空调控制	
客室电热/驾驶室电热	列车头灯	蓄电池充电	
驾驶室电热玻璃		紧急通风	

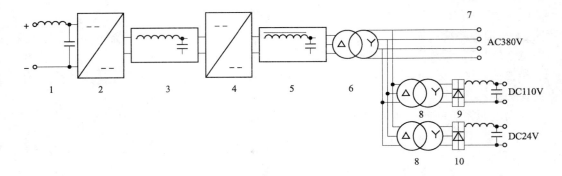

图 5-2　辅助逆变装置与低压电源的电路结构图

1-线路滤波器;2-降压斩波器;3-滤波器;4-逆变器;5-三相输出电抗器;6-隔离变压器;7-隔离变压器一组次边绕组输出(带中点的 AC380V);8-降压变压器;9-二极管整流滤波(输出 DC110V);10-二极管整流滤波(输出 DC24V)

以接触轨供电的电动列车为例，图 5-3 为辅助电源系统主电路图，电路由输入滤波电路、电容器充/放电电路、IGBT 逆变电路、交流滤波电路、交流输出电路、DC24V 电源电路和信号检测电路等几部分组成。

辅助逆变器的控制电源为 DC110V，司机闭合驾驶室的"SIV 启动"开关后，高压 DC750V 电源由接触轨经由受流器接入，通过隔离开关 IVS 和辅助熔断器 IVF，进入接通的高速断路器 IVHB，经由变压器内的滤波电抗器 FL，进入辅助逆变器 SIV 内部的滤波电容 FC;FC 充至网压的 80% 后，IGBT 模块开始工作;SIV 输出为 PWM 波形的三相交流电，该电源经过变压器 TR1 后输出稳定的 AC380V、50Hz 电源，从任何一条三相的输出线与主变压器的中性点之间均可得到交流单相 220V 电压。AC380V 电源接出一路为两台空压机组提供电能，另一路被整流装置转化为蓄电池充电的 DC110V 电和为控制电路所用的 DC110V 电，还有一部分 DC110V 电源由 DC/DC 变压装置转化为 DC24V 额定电源，为雨刷、电笛、操作按钮等供电。逆变器采用无须通风机的自然对流冷却方式。

项目五 辅助电源故障应急处理

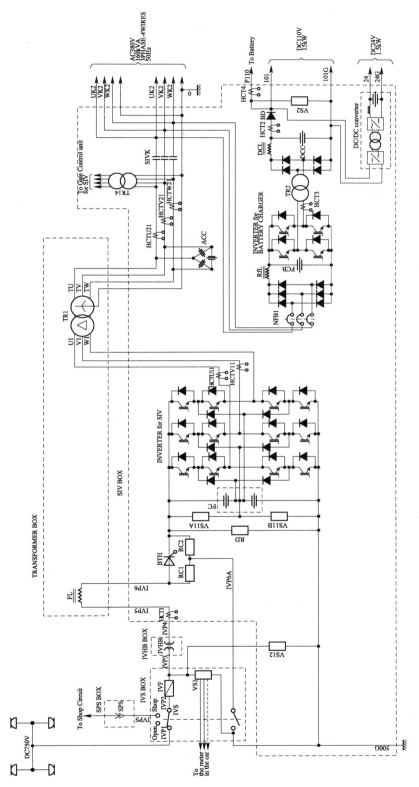

图 5-3 辅助电源系统的主电路图

3. 扩展供电功能

辅助电源系统具有扩展供电的功能。扩展供电箱内安装有用于实现扩展供电功能的接触器、继电器和传感器。正常情况下，一组列车由两台辅助逆变装置 SIV 为整列车提供电能，每个 SIV 只给它所在的单元供电。扩展供电功能是指两组辅助电源系统通过扩展供电箱进行冗余，在其中一台 SIV 发生故障的情况下，可由另外一台 SIV 通过扩展供电电路，为全列车提供负载供电，此时空调系统压缩机减载运行。

扩展供电电路原理如图 5-4 所示。列车本单元与另一单元上 SIV 的"正常"信号分别由列车控制单元 VCU(Vehicle Control Unit) 进行检测，VCU 发出"扩展控制指令"对扩展供电电路进行控制。两台 SIV 正常工作时，扩展供电电路不工作。

当列车两单元的 SIV 正常工作时，其交流输出正常，继电器 K11、K12 都吸合，扩展供电接触器 KMK 不吸合，各单元的辅助负载分别由各自 SIV 供电；即使 SIV "正常"信号由于某种原因误动作引起 VCU 发出扩展控制指令(高电平)，只要继电器 K11、K12 检测到两 SIV 有交流输出，扩展供电接触器 KMK 也不能吸合，各单元的辅助负载分别由各自 SIV 供电。

当某一单元的 SIV 工作不正常时(假设本单元 SIV 工作不正常)，VCU 通过网络判断、对整列车空调压缩机进行减载，通过 X105:3 对扩展供电装置发出扩展控制指令，接触器 KMK 闭合，因此另一单元 SIV 同时也向本单元辅助负载供电。另一单元 SIV 装置工作不正常时，工作原理相同。

扩展供电箱通过 K11、K12 构成紧急通风联锁电路。

4. SIV 的保护动作

1) 轻故障

轻故障发生的同时，IGBT 功率单元停止工作，SIV 停止输出。

轻故障发生 0.5s 后，三相输出接触器断开。

轻故障发生 5s 后，IGBT 功率单元自动恢复工作，同时变压器的输出端电压开始上升，与 SIV 启动过程相同，当变压器的输出端电压达到 AC342V，经过 3s，三相交流输出接触器投入工作，SIV 逆变器输出稳定的三相交流电。

2) 需进行放电处理的轻故障

轻故障发生的同时，IGBT 功率单元停止工作，SIV 停止输出，辅助高速断路器断开。

轻故障发生 0.5s 后，三相输出接触器断开。

轻故障发生 5s 后，放电接触器动作，辅助主电路开始放电，放电结束后，放电接触器触头断开。

放电接触器触头断开 1s 后，辅助高速断路器闭合，主电路开始充电。

IGBT 功率单元自动恢复工作；变压器的输出端电压开始上升；当变压器的输出端达到 AC343V，经过 3s，三相交流输出接触器投入工作，SIV 输出稳定的三相交流电。

3) 负载端发生短路

当负载端发生短路时，SIV 输出停止，同时，IGBT 功率单元及三相交流输出接触器也停止工作；5s 后自动恢复工作。

4) 欠压保护

项目五 辅助电源故障应急处理

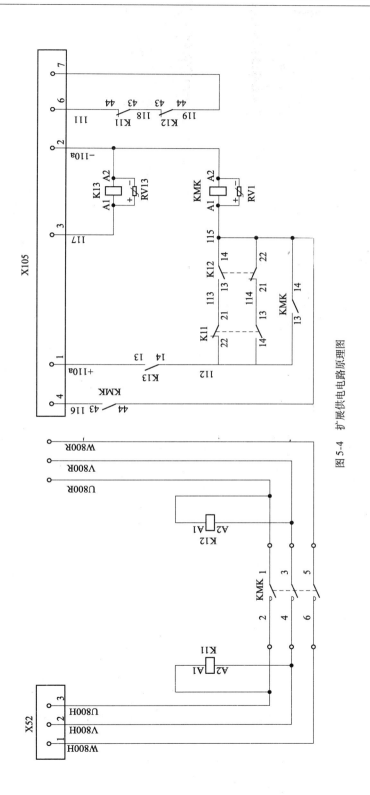

图 5-4 扩展供电电路原理图

当网压过低时,IGBT 功率单元停止工作,SIV 停止输出,0.5s 后,三相输出接触器断开。

当网压过低并持续 1s 时,辅助高速断路器断开。

5s 后,辅助主电路开始放电,然后自动恢复启动。

当电网高电压断开后,如果在 10ms 内恢复网压,SIV 可以正常自动恢复。

5. 蓄电池

一列车配置两套蓄电池组。正常情况下,蓄电池是 SIV 的启动电源;列车在无网压时,蓄电池的容量能够供给列车客室应急照明、紧急通风、车载安全设备、广播、通信系统等工作 45min,即可作为牵引制动控制电路、辅助控制电路、开关门电路及直流照明、ATP、通信、广播设备等 DC110V、DC24V 负载的备用电源;当网压恢复时,蓄电池电压能保证辅助逆变器的启动。蓄电池组有短路、过流和欠压等保护,在恒定的直流电压下浮充电。蓄电池控制电路原理如图 5-5 所示。

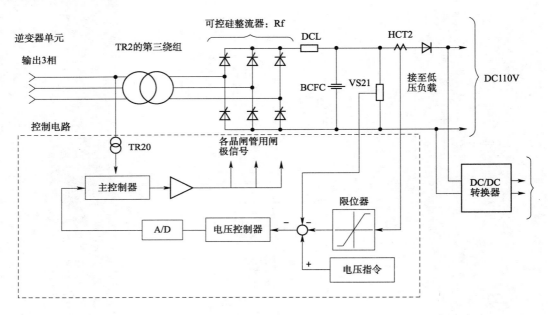

图 5-5 蓄电池控制电路原理图

蓄电池控制电路包括变流控制器、电压控制器和时序控制器。其功能如下:

(1)输出电压和电流通过 VS21 和 HCT2 反馈(FB)到控制电路。该电流的反馈(FB)值受到控制限制器的限制。

(2)将电压指令及输出电压和电流的反馈值比较,产生电压误差。将电压误差输入到电压控制器。

(3)电压控制器的输出在 A/D(模拟/数字)转换器中得到转换,A/D(模拟/数字)转换器的输出进入主控制器。

(4)主控制器以 AC380V 的相位同步而产生 IGBT 用的闸极脉冲。

(5)DC/DC 转换器与 DC110V 蓄电池线路连接,为负载提供稳定的 DC24V 电压。

任务一 单台 SIV 故障的应急处理

学习情境

2014 年 11 月 10 日,FS 线 2119 次列车从 A 站发车后,运行至区间时列车监控显示屏弹出 1 号 SIV 故障提示,司机进入辅助电源界面,发现故障 SIV 输出为零,扩展供电未启动。风压表下降,但主空压机不启动打风。

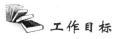

工作目标

初步判断故障原因,按照故障处理办法的步骤进行应急处理,当故障无法排除时,应立即向行车调度员申请清人掉线。

一、故障现象与分析

1. 故障现象

列车监控显示屏显示 1 台 SIV 故障停止工作,扩展供电接触器 KMK 未闭合,如图 5-6 和图 5-7 所示。列车监控显示屏"辅助电源"界面显示 SIV 故障输出为零,此时故障端车辆照明、空调等负载停机。风压逐渐下降至 750kPa 以下,但主空压机不启动打风。

图 5-6 TCMS 显示界面 SIV 故障显示

图 5-7 SIV 图标显示说明

2. 故障分析

辅助逆变器 SIV 的输入是通过列车受流器接入的 DC750V 高压电源。当列车通过断电区时,一部分受流器不能搭接在三轨上,从而使一台 SIV 暂时无高压电输入。按照知识链接中"SIV 的保护动作"原理，SIV 系统会进行自动检测，如果 10ms 内检测到高压电输入，则整个系统将自动恢复至正常状态。

在正常情况下，当 SIV 长时间未检测到高压电输入时，高速断路器断开主回路，TCMS 控制扩展供电接触器 KMK（或 RFK）闭合，启动扩展供电功能。该车的扩展供电控制回路如图 5-8 所示。图中的 TLK 为扩展供电箱，其控制电源开关 QF26，正常情况下受本车 TCMS 监控。当左侧 SIV 故障后无 AC380V 电压输出，则扩展供电电压检测继电器 K11 失电。但扩展供电电压检测继电器 K12 有电，此时 202、203、205 线路接通，从而使扩展供电接触器 KMK 得电，使其处于三相交流电路中的触点闭合，同时使控制电路 202 线连接的 KMK 触点闭合达到自锁状态，与 TCMS 连接的 206 线触点闭合，这时 TCMS 会接受到 KMK 启动的信号。

在故障情况下，TCMS 监控扩展供电的原理如下：通过采集 SIV 逆变器的三相交流电的输出来判断是否需要启动扩展供电，当检测到一边的 SIV 故障，TCMS 会发出指令使得扩展供电控制继电器 K13 得电，从而闭合处于扩展供电控制电路中线号 202、201 连接的触点 K13；当扩展供电接触器 KMK 得电，其所有触点闭合后，其中一个触点将给 TCMS 发送电信号，表明扩展供电已经工作，也就是说 TCMS 通过采集 KMK 触点电信号来判断扩展供电功能。

本案例中，扩展供电未启动，从故障现象来看，未启动的原因属于通信不良，即 TCMS 对扩展供电的监控通信中断。

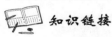知识链接

空压机的工作原理

每组列车配有两台空压机。当风压低于 750kPa 时，主空压机开始工作，当风压升至 900kPa 时停止工作；如果风压低于 680kPa，则两台空压机同时启动，直到风压上升至 900kPa 时结束。

空压机的启动/停止是由所在车的网关阀自动控制。如果需要人工控制，可以通过按压操纵台上的"强制泵风"按钮，使空压机立即强制打风。

空压机的具体控制原理参见项目六。

当一台 SIV 不能自动恢复时，需要进行人工复位或者重新启动 SIV 控制电源。SIV 的控制原理如图 5-9 所示，图中的 QF33 是 SIV 控制模块的电源开关，QF14 是 SIV 逆变器模块的启动电源开关，START 按钮是"SIV 启动"开关，SIVOS 的作用是当 SIV 检测到重大故障时控制 SIVOS 断开，使 SIV 逆变器无法人工启动。线号为 6 的电线一端与"复位"按钮连接，一端与逆变器控制模块连接，当 SIV 报轻故障停机后，按下"复位"按钮，逆变器控制模块将尝试从故障恢复到正常状态。

二、故障应急处理

单台 SIV 故障的原因有很多，可能导致列车晚点、掉线甚至救援，应当按照列车监控显示屏上 TCMS 的故障提示和操纵台相关仪表灯的显示，快速准确处理，见表 5-2。

项目五　辅助电源故障应急处理

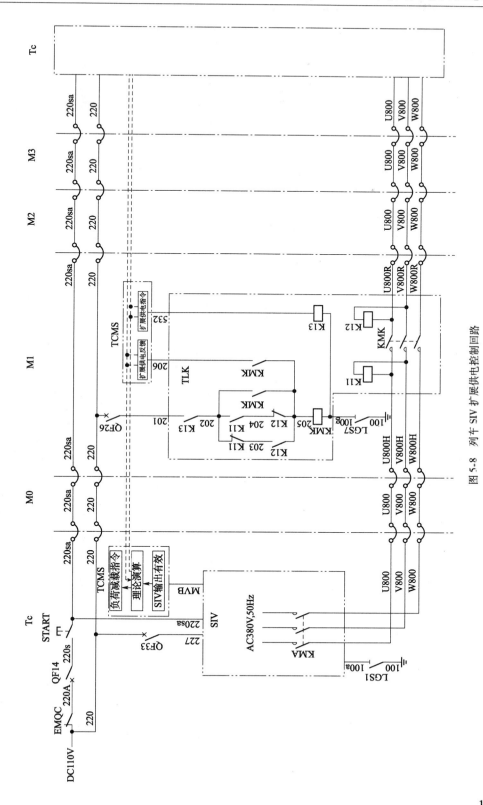

图 5-8　列车 SIV 扩展供电控制回路
注：同 Tc 车控制电路。

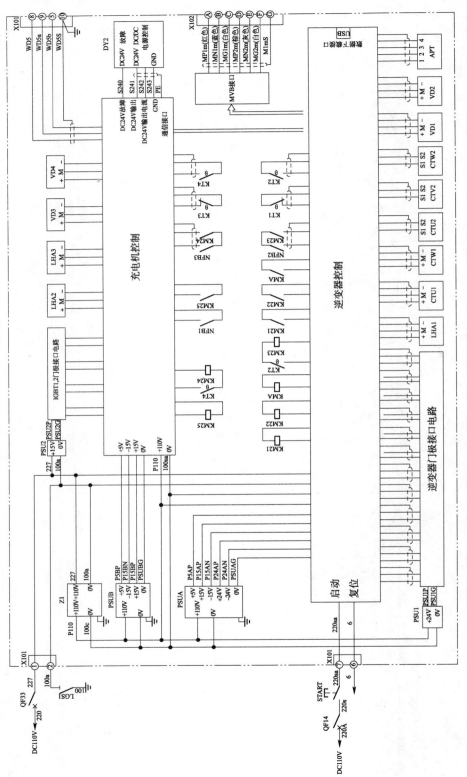

图 5.9 SIV 控制原理图

项目五　辅助电源故障应急处理

故障应急处理操作表

表 5-2

序号	检 查 内 容	操　　作	图　　示
1	TCMS 弹出一台 SIV 故障的提示框	按 TCMS 的提示按动"复位"按钮	 复位
2	检查列车监控显示屏辅助电源画面	确认输入电压是否正常、确认列车是否在无供电区域	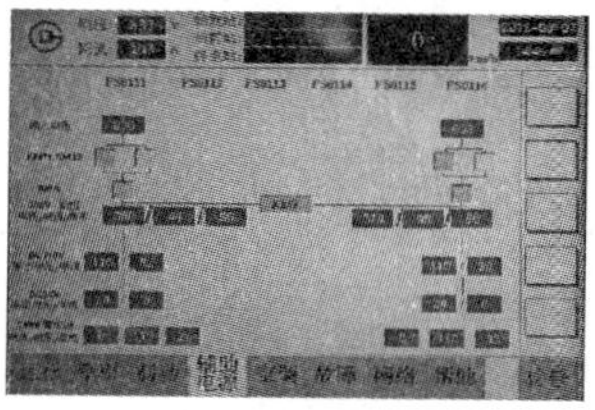
3	TCMS 无故障提示或按提示处理无效时	断开单台 SIV 的控制保险 QF33 后,闭合试验	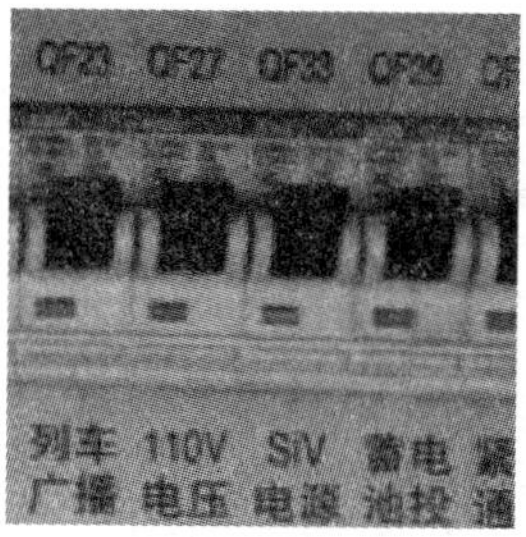
4	检查风压显示	若风压过低,及时启动空压机强制泵风	 强制泵风
5	经过上述步骤仍处理不好时	与行车调度员联系终点站掉线回段	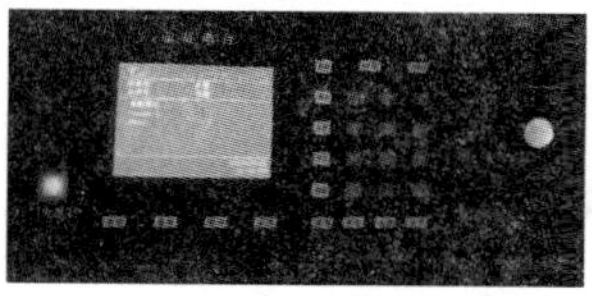

三、注意事项及要点总结

单台 SIV 的故障一般是由控制电路故障导致,或者控制电源开关跳闸、继电器故障等,司机应首先检查 SIV 控制电源的相关开关和继电器的电路。

SIV 的运行状态由 TCMS 进行监控,当 SIV 出现故障时,列车监控显示屏会主动弹出故障提示,以便司机及时发现故障并进行应急处理。

当一台 SIV 故障时,列车仍能够通过扩展供电为全列车提供必要的电能,此时故障车的空调将减载运行,进入应急通风的状态,故障车的照明减载,进入应急照明状态。

一台 SIV 无 AC380V 输出,会影响到该 SIV 负责的空压机的运转。列车有两台空压机来提供制动系统所需要的风源,两台空压机按照单双日期交替工作。主空压机工作时,辅助空压机处于备机状态。

在处理 SIV 故障的过程中,司机应当密切关注风压表显示和空压机的状态。低于 750kPa 时,主空压机应当启动泵风,如果发现未及时启动,司机需要立即进行强制泵风。出现 SIV 故障致使一台空压机不能工作时,需要立即向行车调度员申请掉线,回段过程中时刻观察风压变化。

【实训考核与评价】

任　务	单台 SIV 故障的应急处理			
班　级		姓　名		
考核日期		得　分		

【考核要点】
1. 能解读故障现象,判断单台 SIV 故障。
2. 能逐条排查可能导致故障的原因,找出故障点。
3. 在规定时间内做出应急处理,保持列车安全运行。
4. 处理过程中,有条不紊、不慌乱

【考核内容】

考核项目	考核标准	分值	得分
着装	发型标准,服装标准	5	
故障处理	故障点排查正确	50	
	操作动作标准,无违规操作	15	
乘客服务	有为乘客做好解释的意识	10	
时间限制*	在规定时间内完成	10	
表单填写	《电动列车运行故障记录单》填写正确,字迹工整	10	
指导教师意见:			
任务完成人签字:		日期:　　年　　月　　日	
指导教师签字:		日期:　　年　　月　　日	

注:*原则上不应超过 3min。

项目五　辅助电源故障应急处理

任务二　两台 SIV 故障的应急处理

2014 年 11 月某日,某地铁 16 号线某次列车正常运行至 A 站,在经过 A 站库线道岔区段的接触轨断电区时,列车监控显示屏显示列车多个控制模块故障。司机将列车维持运行在库线内规定位置停车,更换操纵台,按压"SIV 启动"按钮,SIV 未启动,同时蓄电池自动跳开。司机立即申请掉线,在库线待命。末班车后,该车由于无法投入蓄电池工作,被其他列车救援回段。

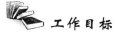

初步判断故障原因,按照故障处理办法的步骤进行应急处理。当故障无法排除时,应立即向行车调度员申请清人掉线。

一、故障现象与分析

1. 故障现象

列车运行中列车监控显示屏显示多个系统的控制模块故障。驾驶室 DC110V 电压表显示电压不足,辅助电源界面显示两台 SIV 停止工作,输出电源和电流均为零,如图 5-10 和图 5-11 所示。

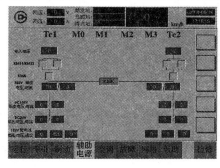　

图 5-10　辅助电源界面　　　　图 5-11　DC110V 电压表

2. 故障分析

列车进入库线道岔区段运行速度较低,经过断电区的时间会延长。部分受流器无法搭接在接触轨上,导致 SIV 暂时停止工作。

当满足以下条件时,辅助电源系统将启动:

（1）无重大故障或轻微故障;

（2）接触轨电压高于 DC500V,低于 DC900V;

（3）辅助供电系统控制电路施加了 DC110V 电压。

在以下条件下辅助供电系统将停止（不包括故障条件下停止）,此时所有闸极信号和接触器/继电器信号立即都被关闭:

（1）接触轨电压低于 DC500V;

（2）断开 DC110V 控制电压。

辅助供电系统检测到轻微故障时(参考图5-3)：

(1) CPU检测轻微故障的发生后立即停止所有指令；

(2) 在间隔几秒钟后自动复位触发,严重故障检测器工作；

(3) 在所有闸极断开后,CPU指令SIV启动接触器等数秒钟接通；

(4) 数秒钟间隔后,CPU指令高速断路器接通。当滤波电容器电压充电超过悬链线电压的80%以后,CPU发出指令接通IVK；

(5) 在IVK接通后,时序与正常启动时序相同。

启动时序如下：

(1) 接通电池电路后,向SIV供应DC110V电压；

(2) CPU初始化历时4s；

(3) CPU初始化完成后,CPU指令IVHB间隔1s后接通；

(4) 滤波电容器电压充电超过悬链线电压的80%后,接通IVK,即初始充电已经完成；

(5) IVK通电和启动后CPU向变流器发出指令,1s后变流器启动。

第二次轻微故障(首次检测到轻微故障后60s内又检测到),或检测到重大故障时：

(1) 所有闸极信号和接触器/继电器信号都被关闭；

(2) CPU保持锁定状态,直至严重故障复位。

SIV故障后的复位有三种方式：

(1) SIV在轻故障保护操作后在60s内未检测到第二次故障则自动重新启动；

(2) 不能自动启动时,按SIV控制的"复位"按钮；

(3) 接通/断开SIV控制的DC110V电源。

按下SIV"复位"按钮后,电池充电器故障、DC24V电器故障也被同时恢复。

当两台SIV都工作异常时,无稳定的AC380V输出。此时,两台空压机单元都无法运转,风压会持续下降。

列车蓄电池在没有可用的DC110V电源为其充电时,将切换至放电状态。正常情况下蓄电池可以为列车照明、应急通风、广播、监控等提供45min电能。

当蓄电池故障或放电过多导致电量低时,列车各系统的控制模块欠压待机,无法正常运转。

列车蓄电池消耗完电能,则列车完全停机,停放制动施加。

二、故障应急处理

故障应急处理操作流程见表5-3。

故障应急处理操作流程表　　　　表5-3

序号	检查内容	操作	图示
1	TCMS弹出单台SIV故障的提示框	按TCMS的提示按动"复位"按钮	

续上表

序号	检查内容	操 作	图 示
2	检查列车监控显示屏辅助电源画面	确认输入电压是否正常,确认列车是否在无供电区域	
3	检查 SIV 启动保险 QF14	若跳开将其闭合,闭合不上时到尾端驾驶室启动 SIV	
4	检查"SIV 启动"按钮是否按下	按下后仍不能启动,到尾端驾驶室按下 SIV 启动按钮	
5	仍不能解决时	随时注意风压,立即申请清人就近入库	

三、注意事项及要点总结

日常辅助电源系统的检查要点有:

(1)检查辅助电源装置箱体外部有无损伤,检查固定螺栓有无松动现象,连接有无破损、防水装置是否良好;

(2)辅助逆变器控制逻辑部安装牢固、接线无松动、各板卡插线良好,光缆无压折;

(3)检查接触器灭弧罩的安装状态是否正常,内部应无烧损突起物,主触点接触面无烧蚀;

（4）检查温度传感器安装状态是否正常，检查蓄电池控制接触器、扩展供电接触器接线及外观是否良好；

（5）检查功率单元的散热片表面清洁。

出库前司机进行送电后的动态试车时，要特别关注 SIV 的运转情况，发现故障或异常要及时报修，尽量将隐患留在库内。

段内运行车速低，断电区较多，运行过程中要特别注意风压表显示和空压机的运转状态。

列车运行中，要时常翻看列车监控显示屏的辅助电源界面，出现 SIV 输出异常时，要及时申请掉线，就近入库，避免故障扩大，影响全线的运营秩序。本案例中，司机发现 SIV 异常后，申请掉线并将列车维持运行到库线，是正确的做法。

在正线运营时出现单台 SIV 故障不工作后，列车的扩展供电装置启动，空调系统减载运行，司机应小心安全驾驶列车，维持到终点站退出运营。而两台 SIV 因故障均不工作时，会严重影响列车正常工作，如果司机处理未果，必须申请行车调度员在车站清客、立即掉线。

两台 SIV 停机后，列车蓄电池开始工作，此时，司机应当关注应急照明、应急通风和广播的运转状态，及时进行人工广播稳定乘客情绪。通知行车调度员，等待救援或者按照行车调度员的指示疏散乘客。

【实训考核与评价】

任　务	两台 SIV 故障的应急处理			
班　级		姓　名		
考核日期		得　分		

【考核要点】

1. 能解读故障现象，判断两台 SIV 故障。
2. 能逐条排查可能导致故障的原因，找出故障点。
3. 在规定时间内做出应急处理，根据实际情况进行清人掉线或请求救援。
4. 处理过程中，有条不紊、不慌乱。

【考核内容】

考核项目	考核标准	分值	得分
着装	发型标准，服装标准	5	
故障处理	故障点排查正确	50	
	操作动作标准，无违规操作	15	
乘客服务	有为乘客做好解释的意识	10	
时间限制*	在规定时间内完成	10	
表单填写	《电动列车运行故障记录单》填写正确，字迹工整	10	

指导教师意见：

任务完成人签字： 日期： 年 月 日

指导教师签字： 日期： 年 月 日

注：* 原则上不应超过 3min。

思考与练习

一、填空题

1. 辅助电源系统为_____、_____、_____和_____负载提供电源。
2. 辅助逆变器中的主要开关元件为_____。
3. 辅助电源系统具有_____功能。即当一台 SIV 发生故障时,还可由另外一台 SIV 为全列车提供负载供电。
4. 当网压正常时,蓄电池电压能保证_____的启动。
5. 当 SIV 报轻故障停机后,按下_____按钮,逆变器控制模块将尝试从故障恢复到正常状态。

二、简答题

1. 对照电路图分析当单台 SIV 故障时,辅助电源系统如何实现扩展供电功能?
2. 简述列车蓄电池装置的作用。
3. SIV 故障可能造成哪些不良后果?

项目六　空气制动及风源系统故障应急处理

【项目说明】

　　电动列车的空气制动及风源系统由供风部分、控制部分和执行部分等组成,为列车减速或安全停车提供所需制动力,是列车的主要制动力来源。运行中列车的空气制动系统若发生故障,将直接影响列车的运营能力、降低地铁企业的运营水平。因此,能否快速、高效、准确地对各类空气制动及风源系统故障进行应急处理、保证列车完成当时、当次或当天运营,是检验电动列车司机业务能力和技能水平的重要考核项目。

　　通过本项目的学习和训练,学生掌握空气制动及风源系统故障的判断和分析方法,能在规定时间内处理主要几类空气制动及风源系统故障。

【知识目标】

　　1. 掌握空气制动系统的组成、功能、主要部件的结构和控制关系。
　　2. 掌握空气制动系统故障的应急处理原则及要求。
　　3. 掌握空气制动系统主要故障的判断和应急处理方法。

【能力目标】

　　1. 能正确判断空气制动系统故障。
　　2. 能按规定进行空气制动系统故障时的应急处置。

【素质目标】

　　1. 培养敏锐的观察能力。
　　2. 培养时间观念。
　　3. 培养独立分析问题的能力。
　　4. 培养动手解决问题的能力。

【建议学时】

　　8 课时:理论 4 课时,实训 4 课时。

【实训条件】

　　列车驾驶模拟器(具有空气制动系统主要故障模拟,并能随机设置不同的故障点),城市轨道交通车辆空气制动系统布置柜,基础制动装置。

知识准备：电动列车空气制动及风源系统

1. 电动列车风源系统的作用与组成

1）风源系统的作用

电动列车的风源系统向整个列车提供压缩空气的气源，它主要是为制动系统和辅助部件提供足够的、干燥的、洁清的压缩空气，主要包括电动列车的空气制动、空气弹簧、汽笛和刮雨器装置、气动门控装置、受电弓和车钩风动解钩装置等。

2）风源系统的组成

图6-1为电动列车风源系统的结构示意图，每套风源系统主要由空压机组（A01）、软管（A04）、安全阀（A06）、干燥器（A07）、主风缸（A09）、主风缸排水塞门（A10）、排气式截断塞门（A11），压力调节器（A13）和空压机控制单元（A15）等部件组成。一般一列车有两套空压机组。

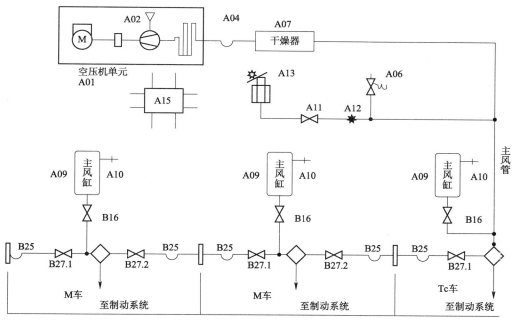

图6-1 电动列车风源系统结构示意图

风源系统为制动及其他用风设备（如空气弹簧）提供压缩空气，风源系统中最重要的设备是由三相380V交流电驱动的活塞式空气压缩机或螺杆式空气压缩机。空压机是整个风源系统的核心部件，没有空压机就没有风源。

列车的两台空压机有一台为主空压机。当总风压力低于680kPa时，两台空压机同时启动打风，直至总风达到900kPa停机。若空压机启动时总风压力大于680kPa、小于750kPa，则主空压机启动开始打风直至总风压力达到900kPa停机。若空压机启动装置初次通电时总风压力高于750kPa，两台空压机都不工作。空压机启动装置使用压力开关监测总风压力信号。

在驾驶室的操纵台上有一个"强制泵风"按钮,如图 6-2 所示,它被按下后,会启动装置中的两个压力开关旁路,两个空压机同时启动打风。

图 6-2 "强制泵风"按钮

活塞式空气压缩机与螺杆式空气压缩机

活塞式空气压缩机:这种压缩机具有体积小、重量轻、维护方便、噪声低、飞溅润滑等特点,在 1500r/min 时压缩空气的排量为 920L/min,一般采用三缸二级压缩,风扇冷却;电机与压缩机采用耐久性连接,不需要维护;采用弹性方式安装在车体上,可消除空压机组振动对车体的影响。

螺杆式压缩机:这种压缩机与活塞式压缩机相同,属于容积式压缩机,具有可靠性高、零部件少、易损件少、运转可靠、寿命长、操作维护方便等特点。螺杆压缩机可实现无基础运转,特别适合于做移动式压缩机,适应性强,另外,它的容积流量几乎不受排气压力的影响,在很宽的范围内能保持较高效率,适用于多种工况。

2. 空气制动管路系统

1) 压缩空气传输原理

电动列车的空气制动所需制动力由风源系统提供,空压机产生的压缩空气存储在总风缸中,当制动指令发出后,根据当前制动力级别(即司机控制器主手柄当前位于哪一级制动级位)和列车承载情况(由空气弹簧提供),制动控制系统计算所需的压缩空气压力,然后将总风缸中的相应压缩空气经由空气管路传输至制动风缸,再由空气管路传至单元制动装置。图 6-3、图 6-4 和图 6-5 为六节编组(+ Tc – M0 – M1 – M2 – M3 – Tc +)列车的空气管路原理图,其中,图 6-3 为 Tc 车的空气管路原理图、图 6-4 为带风源系统的 M0 和 M3 车空气管路原理图、图 6-5 为不带风源系统的另两节 M1 和 M2 车空气管路原理图。

图中,A 为风源系统,B 为制动控制设备,C 为转向架设备,G 为防滑设备,L 为空气悬挂系统,W 为联挂设备。Tc 车配置带总风压力的开关和紧急制动按钮,另外四辆 M 车没有这两类开关、按钮。

由 M0 车和 M3 车的风源系统产生的压缩空气分别经过止回阀(A2)进入总风缸(B3),

项目六 空气制动及风源系统故障应急处理

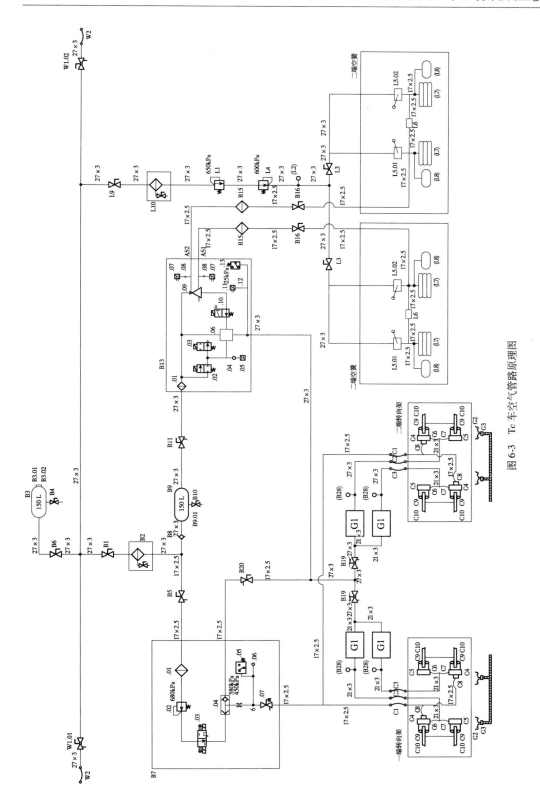

图 6-3 Tc 车空气管路原理图

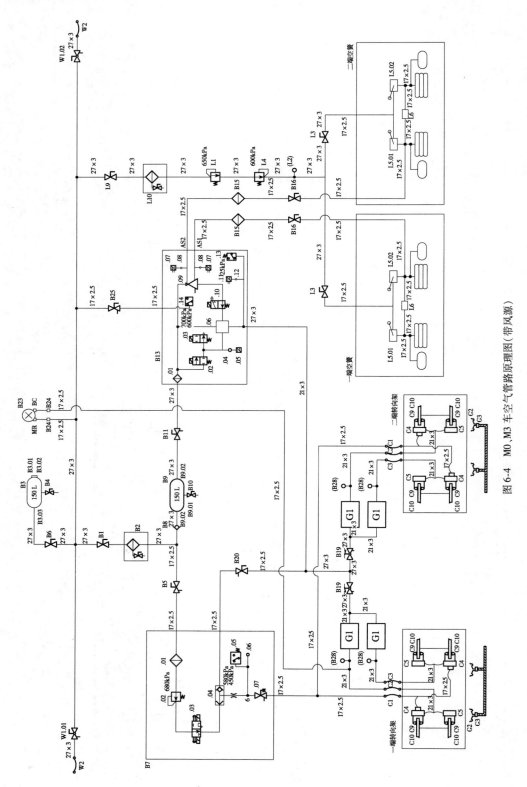

图 6-4 M0、M3 车空气管路原理图（带风源）

项目六　空气制动及风源系统故障应急处理

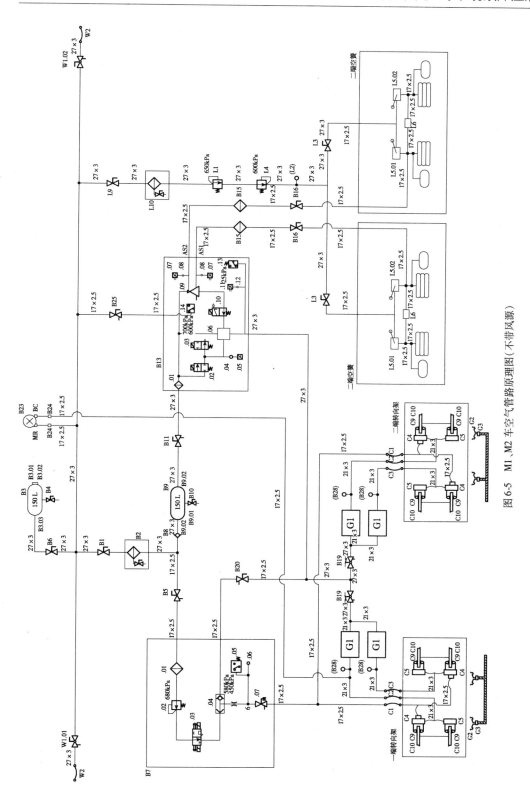

图6-5　M1、M2车空气管路原理图(不带风源)

117

在进入总风缸(B3)之前安装安全阀(A4),再经截断塞门(B12)通入总风管中。同时总风管的压力通过截断塞门(A6)进入空压机启动装置(A7)。

压缩空气通过总风管两端的截断塞门(W1.01、W1.02)、软管 W2、车钩上安装的空气管路进入相邻车辆的总风管内,从而使全列车间的总风管贯通。

总风管的压缩空气通过不带风源系统的 M1 和 M2 车及 Tc 车的截断塞门 B6 给各车辆的总风缸(B3)充风,这 6 个风缸能为全列车存储足够的压缩空气。

总风通过截断塞门(B1)、过滤器(B2)、止回阀(B8)给各车制动风缸(B9)充风,制动风缸(B9)的体积为 150 升,制动风缸可以为本车的制动控制装置提供压缩空气。截断塞门 B1下游的压缩空气还通过截断塞门(B5)为停放制动控制装置供风。

二系悬挂装置用压缩空气取自总风管,通过截断塞门(L9)、过滤器(L10)、溢流阀(L1)、减压阀(L4)、截断塞门(L3)、高度阀(L5)进入转向架上的两个空气弹簧,压差阀(L6)安装在转向架上,将两个空气弹簧及附加气室连通。在管路中安装了压力测点(L2),可以对空气悬挂装置所用压缩空气的压力进行检测。

当空气悬挂装置故障时可通过关闭截断塞门(L9)来切除。当某个转向架上的空气悬挂装置故障时可通过关闭截断塞门(L3)来切除。

对角安装于 4 位轴侧和 5 位轴侧的高度阀(L5),输出的压缩空气进入空气弹簧,同时输出空气弹簧信号(AS),其中 4 位轴侧的高度阀输出的空气弹簧信号为 AS1,5 位轴侧的高度阀输出的空气弹簧信号为 AS2。空气弹簧压力信号 AS1、AS2 通过截断塞门(B16)、过滤器(B15)输入到制动控制装置(B13)内。通过关闭截断塞门(B16)切除空气弹簧压力信号。

由制动控制装置(B13)产生的制动缸压缩空气,分别经由 2 个带电接点的截断塞门(B19)、4 个防滑排风阀(G1)送往转向架上安装的单元制动缸,其中,1 个防滑排风阀(G1)输出控制 1 根轴上的两个单元制动缸。在每个防滑排风阀(G1)的输出口都安装有压力测点(B28),用于对单元制动缸压力的检测。每个转向架的空气制动可以用截断塞门(B19)单独切除。

停放制动控制装置(B7)通过截断塞门(B5)输入总风压力,同时通过截断塞门(B20)输入制动控制装置输出的制动压力,输出空气压力到单元制动缸的停放制动缸。

2)压缩空气的压力控制

(1)控制方法

①常规模式控制方法:空压机在规定的压力范围内启动和关闭。

②辅助模式控制方法:空压机在低于规定的压力范围启动和在规定的高压范围内关闭。

(2)工作模式

①常规模式:当压力降到启动极限时空压机开始启动,当压力到停机极限时空压机开始关闭,其压力控制就在两个压力极限之间。

②辅助模式:当压力降到辅助启动极限时空压机开始启动,当压力到停机极限时空压机开始关闭,其压力控制就在两个压力极限之间。

(3)压力极限

①安全极限:由安全调整阀控制压力(主管安全阀)。

②停机极限:由所有的模块上空压机停止工作时的压力值。

③启动极限:由指定模块上的空压机开始启动的工作压力值。

④辅助极限:当主风管的压力达到极限时,第二个空压机开始工作时,用来控制列车主空压机的运转,是一种辅助模式。

⑤紧急极限:当总风管的压力达到该极限时,紧急制动开始实施直到列车停止。

"开始"功能是针对以常用模式运行的空压机的,当主空压机产生故障时,由 TCMS 允许开关来决定联合空压机的运行。

图 6-6 为压缩空气的分配线路图。

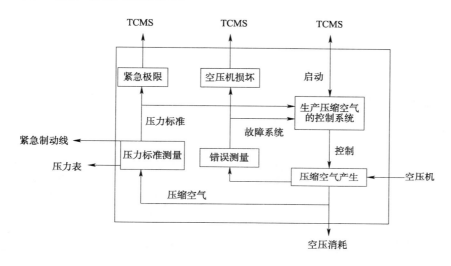

图 6-6　压缩空气的分配线路图

3. 空气制动控制单元

制动控制系统用于接收列车给出的制动信号,控制车辆的制动和缓解。

项目二"制动系统故障应急处理"中讲到,制动控制单元(BCU)由电子制动控制单元(EBCU)和空气制动控制单元(PBCU)两部分组成,这两部分集成安装在制动控制装置机箱中。

空气制动控制单元主要由过滤器、制动电磁阀(AV)、缓解电磁阀(RV)、紧急电磁阀(EBV)、空重阀(LA)、中继阀(RL)、总风欠压开关(SW1)、压力传感器、压力开关及相应的压力测点构成,这些部件由一块气路集成板有机地联系起来,保证电子控制单元的指令能有效地转化为气动信号,实施制动和缓解的操作。

总风欠压开关(SW1)仅安装在 Tc 车的制动控制装置,用于检测总风压力,当检测到总风压力低于 600kPa,列车产生紧急制动;当检测到总风压力高于 700kPa,列车因总风压力低产生的紧急制动会自动缓解。

任务一　空压机不启动的应急处理

学习情境

2014 年 11 月 15 日,某地铁 3 号线上某列车在区间正常运行过程中,突然产生紧急制动，司机观察总风缸压力过低，检查空压机启动开关位置正常，空压机不工作，按动强制泵风无效。

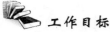
工作目标

在规定时间内找出故障点、判断故障严重程度，根据情况做出相应处理，尽量恢复列车运营。

一、故障现象与分析

1. 故障现象

双针压力表显示列车总风缸压力过低（图 6-7），检查空压机启动/切除开关（图 6-8）位置正常，空压机不工作。

图 6-7　总风缸压力过低

图 6-8　空压机启动/切除开关

2. 故障分析

1）空压机工作原理

在列车运行过程中，压缩空气产生系统工作采用常用模式或辅助模式。

当一个空压机的制动控制电子单元接受来自列车磁通信号程序的空压机的信号，该空压机运作采用常用模式；当它没有收到主空压机的信号时，则该空压机采用辅助模式。当驾驶室没有被激活时，则采用最近作为常用模式的空压机作为常用模式。

在正常运行中，如果压力低于启动极限，空压机就开始启动，当压力下降到辅助极限时，第二个空压机被启动。如果有一个空压机出现故障，则第二个空压机在常用模式运行下能完全供应整个列车压缩空气。

空压机用中等电压作为它的驱动电压，其控制和监测的电压采用低压电。为了使空压机的可靠性达到最佳，每一个空压机采用不同的三相交流电线路，由列车的辅助电源系统将接触网或接触轨的直流电逆变为交流电后提供。

图 6-9 为六节编组（ + Tc - M0 - M1 - M2 - M3 - Tc + ）列车的空压机控制电路。两台空压机 MCP 的工作条件是电压 AC380V、频率 50Hz 的三相电源。两个 Tc 车上各有一个空压机启动开关 CPS 和强制空压机泵风的"强制泵风"按钮 CPFS（CPHS 为电加热开关），由空压机控制断路器 QF22 接入 DC110V 的控制电源。M1 车和 M2 车各连接一个 QF32 本车空压机断路器和 QF31 他车空压机断路器。PS1 和 PS2 为压力开关，PS1 的接通条件是风压在

项目六 空气制动及风源系统故障应急处理

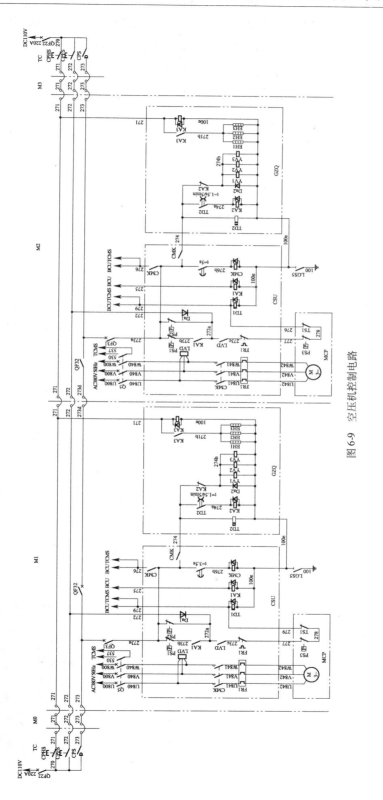

图 6-9 空压机控制电路

750～900kPa 之间，PS2 的接通条件是风压在 680～900kPa 之间，这样就保证在风压未低于 750kPa 时一台空压机启动，而风压低于 680kPa 时两台空压机同时启动。PS3 为压力保护开关，在风压大于 400kPa 时断开、风压低于 300kPa 时接通。

2）故障原因预判断

由以上分析可以总结出，导致空压机不启动的可能原因有：

（1）空压机启动开关位置不正确；

（2）相关保险跳开；

（3）空压机控制电路故障；

（4）空压机故障；

（5）空气管路故障，导致压缩空气泄漏；

（6）辅助电源系统故障，导致空压机工作电压不正常。

二、故障应急处理

若是一台空压机组因故不能正常运行、但能保证列车正常使用所需的风压时，须将乘客运送到终点站后清客掉线；若是风源系统故障导致列车总风缸压力一直低于 700kPa，则司机需要报告行车调度员，申请立即清人掉线。司机应针对可能导致空压机不启动的各项原因，按开关位置逐一做出排查，见表 6-1。

故障应急处理操作流程表　　　　表 6-1

序号	检查内容及操作	图示
1	检查列车辅助电源系统输出是否正常	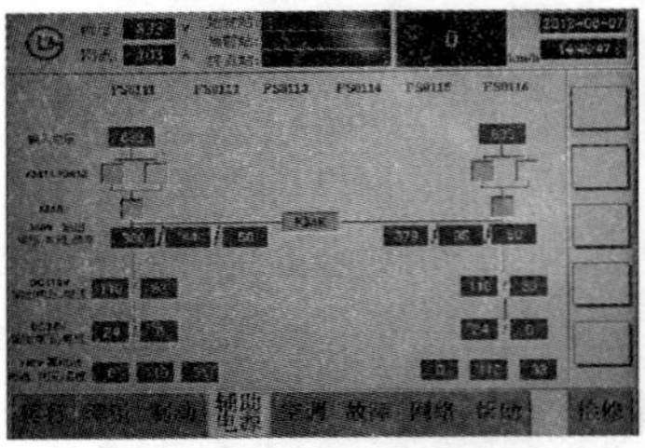
2	按下"强制泵风"按钮试验，若空压机开始工作，应先维持运行再进行后续处理	

续上表

序号	检查内容及操作	图示
3	检查空压机启动/切除开关位置是否正确,若不正确应扳至正确位置	
4	检查空压机控制保险是否正常,若断开将其闭合	
5	到尾端驾驶室进行空压机启动试验	
6	若仍不好,应到中间车检查相关空压机控制保险是否正常	
7	若不能恢复正常,应立即报告行车调度员,申请退出运营,运行中要时刻注意风压	

三、注意事项及要点总结

判断空压机是否启动要通过列车监控显示屏的显示和双针压力表的指示,并结合空压机工作声音综合判断。当按下"强制泵风"按钮后,看到双针压力表总风缸压力指针上升,在驾驶室内应能听到空压机工作的声音,判断空压机启动。

在图6-10所示的列车监控显示屏的"运行"界面下,可以看到空压机的工作状态,绿色为正常工作状态,灰色为停止状态。

司机在处理过程中应密切注意观察空压机的工作状态,通过列车监控显示屏不能确认空压机的工作状态时,应注意观察总风缸压力是否上升,防止因为列车控制网路故障造成列车故障的误判断和误处理。

当总风缸压力低于450kPa时,列车将逐渐产生停放制动,这时必须向行车调度员申请救援,严禁强行牵引列车运行,防止故障的扩大。

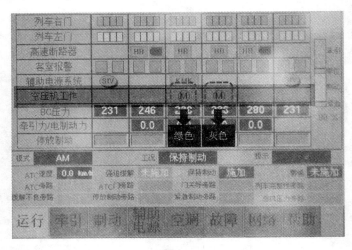

图 6-10　列车监控显示屏上"空压机工作"显示

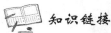 知识链接

（1）总风缸压力一般维持在 750~900kPa 之间，如低于 750kPa 单台空压机启动，低于 680kPa 两台空压机启动，空压机启动后风压会渐渐上升至 900kPa，上述均为正常情况。

（2）总风缸压力低于 600kPa 时列车牵引封锁，列车紧急制动。

（3）正常情况下，只要一台空压机能正常工作，都能满足列车的用风需求。

（4）当列车总风缸压力大于 1000kPa 时，安全阀会自动排风。

图 6-9 中的压力开关 PS1 和 PS2 是空压机能否正常工作的关键，一般需要定期进行压力核对检查。

对应空压机不打风的故障是"空压机打风不止"，即在总风缸压力达到规定值时，空压机仍不停止泵风。

空压机打风不止会造成安全阀连续排风，遇到此类故障，司机可以先断开空压机启动开关进行试验。若无效，到中间车断开相关空压机控制保险尝试解决故障。断开中间车的空压机控制保险时，应先到一处断开，若此时仍打风不止，则可以判断出故障点位于具体哪一节车上，进而合上非故障车的空压机控制保险，到故障车断开空压机控制保险。

【实训考核与评价】

任　务	空压机不启动的应急处理		
班　级		姓　名	
考核日期		得　分	
【考核要点】			
1.能解读故障现象，判断空压机不启动。 2.能逐条排查可能导致故障的原因，找出故障点。 3.在规定时间内做出应急处理，恢复列车运行。 4.能正确判断请求救援的状况。 5.处理过程中，有条不紊、不慌乱			

项目六 空气制动及风源系统故障应急处理

续上表

【考核内容】			
考核项目	考 核 标 准	分值	得分
着装	发型标准,服装标准	5	
故障处理	故障点排查正确(与模拟器中预先设置的故障点一致)	50	
	操作动作标准,无违规操作	15	
乘客服务	有为乘客做好解释的意识	10	
时间限制*	在规定时间内完成	10	
表单填写	《电动列车运行故障记录单》填写正确,字迹工整	10	
指导教师意见:			
任务完成人签字:		日期: 年 月 日	
指导教师签字:		日期: 年 月 日	

注:*原则上不应超过5min。

任务二 空气管路泄漏的应急处理

2014年12月20日,某地铁16号线上某列车在区间正常运行过程中,司机通过双针压力表发现总风缸压力低,司机在前方站停车处理后发现空压机正常工作,但总风缸压力不能上升。

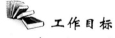

在规定时间内找出故障点、判断故障严重程度,应根据情况做出相应处理。

一、故障现象与分析

1. 故障现象

两台空压机处于正常工作状态,但列车总风缸压力不上升。

2. 故障分析

确认列车空压机工作,双针压力表显示列车总风缸压力不能上升或有下降现象,通过耳听的方式发现列车有总风泄漏现象。列车下的空气管路及风缸如图6-11所示。

二、故障应急处理

总风缸压力不足可能导致列车启动紧急制动,当严重不足且无法补上足够的压缩空气

125

时，列车还会自动施加停放制动，对正线运行将产生极大影响。司机必须要能及时发现总风泄漏的情况，根据严重程度采取相应措施。

图 6-11　空气管路及风缸

（1）两台空压机当前的工作状况能维持列车运行时，司机报告行车调度员后，驾驶列车尽快退出运营，就近驶入库线。

（2）司机判断当前两台空压机的工作状况不能维持列车运行时，到车下通过耳听的方式查找出故障车。若总风泄漏导致列车产生紧急制动，应闭合紧急制动短路开关，限速 30km/h 运行。若总风泄漏导致列车产生停放制动，应将故障车两端相邻车总风塞门关闭，并将故障车停放制动手动缓解。

（3）若故障不能排除，司机视情况向行车调度员申请救援。

知识链接

列车主要塞门位置及使用时机

序号	塞门	作用	使用时机
1	总风管塞门	切断本车与相邻车的总风通路并将相邻车的总风排向大气	当单车总风管路泄漏严重时关断相邻两车的总风管塞门
2	防滑阀塞门	切断单台车的制动缸风源，并将制动缸内的压缩空气排向大气	单台车制动不缓解时关断防滑阀塞门（同时拉停放拉环）
3	空气弹簧塞门	切断总风到空气弹簧供风	当单个空气弹簧泄漏严重时关断空气弹簧塞门
4	总风缸塞门	切断总风管至总风缸的管路	总风缸泄漏严重时关断总风缸塞门
5	空气弹簧总塞门	切断总风管路向空气弹簧系统供风	空气弹簧系统漏风严重时关断空气弹簧总塞门

三、注意事项及要点总结

空气管路漏风是常见、多发的问题。有些泄漏在安静的环境下可以听到，但微小的泄漏需要用工具来检测。一般是调配一些稀释的肥皂水,用毛刷蘸少许涂在各管路的螺纹连接处,挨个排查找漏。找到漏点后,紧固泄漏处管路螺纹连接处的螺母,再用肥皂水检查泄漏。如果仍出现漏风现象,排完相近风缸和管路中的压缩空气,松开螺纹连接,在螺纹前3~5个螺距部分涂上管螺纹密封胶,再行紧固。如果泄漏现象消失,应恢复各塞门。需要注意的是,在用肥皂水排查各管路连接处的同时,凡擦拭肥皂水处,检查完毕后,务必用干抹布擦净肥皂水的残留液。

【实训考核与评价】

任 务	空气管路泄漏的应急处理			
班 级		姓 名		
考核日期		得 分		
【考核要点】				
1. 能解读故障现象,判断空气管路泄漏。				
2. 能正确找出泄漏点。				
3. 在规定时间内做出应急处理。				
4. 能正确判断请求救援的状况。				
5. 处理过程中,有条不紊、不慌乱。				
【考核内容】				
考核项目	考 核 标 准		分值	得分
着装	发型标准,服装标准		5	
故障处理	泄漏点排查正确		50	
	操作动作标准,无违规操作		15	
乘客服务	有为乘客做好解释的意识		10	
时间限制*	在规定时间内完成		10	
表单填写	《电动列车运行故障记录单》填写正确,字迹工整		10	
指导教师意见:				
任务完成人签字:		日期: 年 月 日		
指导教师签字:		日期: 年 月 日		

注:*原则上不应超过5min。

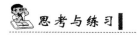
思考与练习

一、填空题

1. 风源系统中最重要的设备是由三相380V交流电机驱动的_____。

2. 电动列车风源系统主要是为＿＿＿＿＿＿＿＿＿＿提供足够的、干燥的、清洁的压缩空气。

4. 当总风缸压力＿＿＿＿＿＿kPa 时,空压机自动启动。

5. 当总风缸压力＿＿＿＿＿＿kPa 时,则空压机停止泵风。

6. 司机可以通过＿＿＿＿＿＿观察总风缸压力情况。

7. 当总风缸压力不足而空压机未启动,可以首先尝试按下＿＿＿＿＿＿按钮。

8. 当总风缸压力高于设定值时,＿＿＿＿＿＿会自动排风。

二、简答题

1. 结合空压机控制电路,分析影响空压机正常工作的原因。

2. 空气管路泄漏可能导致哪些情况发生?

项目七　广播及乘客信息系统故障应急处理

【项目说明】

　　广播及乘客信息系统是传播列车服务信息、提升运营服务水平的重要媒介。列车在运营过程中若出现广播不报站或报错站、无多媒体信息显示等情况，会大大降低乘坐感受，甚至引起乘客投诉；而在突发事件中，广播故障还可能导致司机不能及时为乘客提供安全指引，进而引发事故。因此，广播及乘客信息系统不仅关系服务质量，还涉及运营安全，电动列车司机必须具备快速处理广播及乘客信息系统故障的能力。

　　通过本项目的学习和训练，学生掌握广播及乘客信息系统故障的判断和分析方法，能在规定时间内处理主要几类广播及乘客信息系统故障。

【知识目标】

1. 掌握广播及乘客信息系统的组成及功能。
2. 掌握广播及乘客信息系统故障的应急处理原则及要求。
3. 掌握广播及乘客信息系统主要故障的判断和应急处理方法。

【能力目标】

1. 能正确判断和分析广播及乘客信息系统故障。
2. 能按规定进行广播及乘客信息系统故障的应急处置。

【素质目标】

1. 培养敏锐的观察能力。
2. 培养良好的抗压能力。
3. 培养独立分析问题的能力。
4. 培养动手解决问题的能力。
5. 树立乘客服务意识。

【建议学时】

　　6课时：理论2课时，实训4课时。

【实训条件】

　　列车驾驶模拟器（其广播系统具有自动播报和人工播报功能）。

知识准备：广播及乘客信息系统

广播及乘客信息系统(Passenger Information System，简称 PIS)由列车广播系统、乘客信息显示系统、视频监控系统(Closed Circuit Television，简称 CCTV)等组成，具有列车广播、实时新闻无线接入、车站乘客信息、多媒体节目播放、LCD 显示、视频监控等功能。

1. 广播系统

广播系统的主要设备分布于驾驶室和客室中。驾驶室内的广播设备主要有广播控制器、广播控制主机、监听扬声器。广播控制器含手持式 MIC，安装于驾驶室操纵台上，两侧驾驶室各一套，如图 7-1 所示；广播控制主机安装于司机座椅后方的电气柜内，两侧驾驶室各一台；监听扬声器位于操纵台上方，两侧驾驶室各一台。

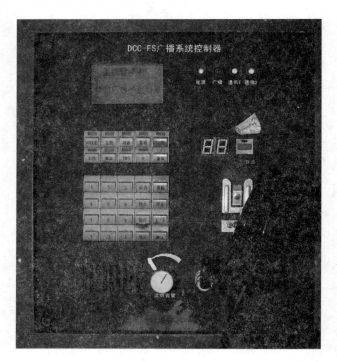

图 7-1　广播控制器

客室内的广播设备主要有客室扬声器、乘客紧急报警器、紧急报警扬声器、广播通信车辆接口单元等。

广播系统具有全自动广播、半自动广播、人工广播、紧急广播、司机内部通信和乘客紧急报警等功能，介绍如下。

(1)在全自动广播模式下，系统根据 TCMS 提供的信号数据，实现列车自动预报前方到站和列车即将到站的广播，或由广播系统自身采集开关门、5km/h 等信号实现自动报站。

(2)半自动广播的功能是根据列车运行需要，司机操作广播控制器上的键盘进行预报前方到站和已到站的广播。

(3)人工广播在主控驾驶室由司机对客室中的乘客进行广播，在人工广播时，自动广播中断。

(4) 当列车出现特殊事件,司机可以操作广播控制器的键盘,实现播放预先录制好的紧急广播。运营控制中心(Operating Control Center,简称OCC)可通过车载无线设备进入列车有线广播系统,作为行车调度员向乘客进行广播。当紧急广播出现时,列车广播系统的音频控制器会自动撤销当时正在进行的人工和自动广播,而将紧急广播信息送至客室。

(5) 列车两个驾驶室可以通过话筒进行双向通话,通话内容不转播到客室。双方通过扬声器和LED指示监听对方的呼叫,发现对方呼叫后,按下广播系统控制器上的"对讲"键,即可进行通话。列车在进行数字式语音自动广播、乘客信息播放时,不影响驾驶室之间的对讲通话功能。

(6) 在每个客室中设有两个乘客紧急报警器,如图7-2所示。该报警器具有双向通话功能,用于乘客向司机报告紧急事件。乘客报警后,在主控驾驶室内,可听到蜂鸣器的声响报警。报警通话结束后,由司机取消报警状态。在某一乘客报警通话期间,若有其他乘客报警,系统会自动排队存储其呼叫信息,在当前乘客报警结束后,已被存储等待的乘客报警将会自动进行音响告警。

图7-2 乘客紧急报警器

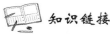

广播优先权

广播优先权自高到低的顺序如下:
(1) 来自OCC的无线电紧急广播;
(2) 主控驾驶室的人工广播;
(3) 非主控驾驶室的人工广播;
(4) 预存的紧急数字语音广播;
(5) 自动报站的数字语音广播;
(6) 媒体伴音播放。

高级别的广播通信可以打断低级别的广播通信,而低级别的广播通信不能打断高级别广播通信,需要等候高级别广播通信结束后才能开始。在高级别的广播条件成立时,正在播放的低级别广播立即中断,并进入相应的高级别广播。被高级别打断的低级别广播通信,在高级别结束后自动恢复。

2. 乘客信息显示系统(PIDS)

乘客信息显示系统(Passenger Information Display Systems,简称PIDS)能提供城市轨道交通乘车须知、服务时间、列车到发时刻、公告、出行参考、媒体新闻、娱乐、广告等实时动态多媒体信息,在发生灾害或紧急情况下(如火灾、爆炸、恐怖袭击等)进行引导,以指挥乘客疏散,调度工作人员抢险救灾,减少损失。

图7-3 终点站LED显示器

驾驶室内的乘客信息显示系统设备有广播通信控制器(与广播系统共用)、终点站LED显示器、视频控制器(与视频监视系统共用)、驾驶室网络接口单元、监视显示器(与视频监视系统共用)和PIS无线交换机(与视频监视系统共用)。客室内的乘客信息显示系统设备有广播通信车辆接口单元(与广播系统共用)、客室网络接口单元、显示控制单元、客室LCD显示屏、车体外侧LED显示器及动态电子地图。终点站LED显示器如图7-3所示,客室动态电子地图如图7-4所示,客室LCD显示屏如图7-5所示。

图7-4 客室动态电子地图

图7-5 客室LCD显示屏

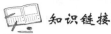

动态电子地图的功能

(1)显示该列车运营线路的所有车站;

(2)这一列车运行的线路、方向及终点站;

(3)列车将要到达的下一站;

(4)客室车门打开侧指示;

(5)换乘站和用于换乘的相应线路;

(6)与列车自动广播同步进行到站显示;

(7)为线路的后续开通预留扩容的能力。

3. 视频监控系统(CCTV)

视频监控系统(CCTV)是一个网络监控系统,通过摄像机拾取视频信号经车辆接口单元编码后,通过系统网络传输至驾驶室视频控制器内存储并在视频监视器上显示,供司机实时监视客室内情况及数据备案查询。同时视频控制器还可通过无线 PIS 交换机与地面无线通信系统接口将监视图像传到控制中心,供中心值班人员实时监视运营列车上的治安状况。

系统由 CCTV 多媒体控制器、数字视频存储硬盘、LCD 触摸监视显示器(图 7-6)、驾驶室摄像机、客室网络摄像机、CCTV 车辆网络接口设备等组成。

广播及乘客信息显示系统由列车 DC110V 电源供电。驾驶室的控制单元机箱、视频服务器、广播控制器、LCD 监视显示器等分别通过相应的断路器接到列车电源上,客室的控制单元机箱、客室 LED 屏、LCD 电源模块、门区电子地图等也分别通过相应的断路器接到列车电源上。紧急报警器由客室控制机箱供电。

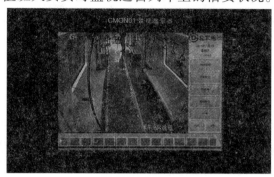

图 7-6　CCTV 系统监视显示器

任务一　自动广播不报站的应急处理

　**学习情境**

2014 年 10 月 16 日,某地铁 8 号线上行一列车在运行中突然出现全列广播均不自动报站的现象。无论广播主控单元在当前操纵端、还是更换到尾端,均不能报站。

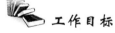　**工作目标**

在规定时间内找出故障点、判断故障严重程度,应根据情况做出相应处理。

一、故障现象与分析

1. 故障现象

激活驾驶端的广播不能自动报站,将广播主控端更换到尾端驾驶室后,也不能报站。

2. 故障分析

广播系统具有自动播报功能,其带驾驶室车辆的控制电路如图 7-7 所示,其余每辆车的广播控制电路均相似。DC110V 电源输入后,经过头尾车开关 SC1、门关闭继电器 TDCR 得电闭合、ATP 输出、30SDR 继电器得电闭合(闭合条件为 $v < 30\text{km/h}$)等共同作用,由广播系统控制器输出指令,经过音频处理器,将信息发送到终点站显示、客室显示等单元。

在广播的自动播报模式下,司机通过主控端的广播控制器设置起点站、终点站、下一站等信息后,广播系统会根据列车提供的零速信号、30km/h 信号(有些为 25km/h 信号或其他)、开门信号和门关闭信号等完成无人工参与的自动广播报站。因此,在列车起始站位置、没有载客前(即没有进行开门操作前),必须将起始站、终点站、下一站信息设置正确,广播才能正常进行"自动"模式。当列车速度大于30km/h(或25km/h等)时,广播系统进行离站广播;当列车速度低于30km/h(或25km/h等)时,列车广播系统进行到站广播。

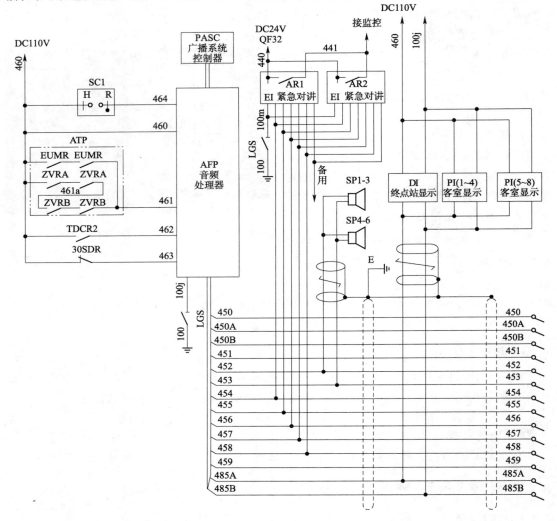

图 7-7 广播系统控制电路

广播系统在列车运行的过程中,向乘客实时提供到站、换乘、开关门、紧急等信息,但因其系统稳定性、设备故障、电路故障、通信故障灯原因,会造成自动播报实效/不报站、报站错误等故障。可能导致故障的原因有:

(1)TCMS系统提供的信号(如速度、目标距离、开关门操作)有误,未触发广播系统;

(2)广播系统程序运行出现错误;

(3)广播系统通信控制器出现故障。

首尾车驾驶室的广播系统分别使用相同的设备,可互为热备份。当一方为主机时,另一方则为子机。主机负责信息的播出。在正常情况下,通过司机操作列车运行方向开关来设置主机。如果"主机"发生故障,则由广播系统控制器上的"主机"键进行转换。

当驾驶室广播主机为主控有不自动报站或其他故障时,可通过驾驶室的广播控制器将主控切换到另一驾驶室,切换后观察运行信息是否与当前一致,如不一致重新设置。如处理后仍无法自动报站,可按广播控制器上的"人工"键,对客室进行人工广播。

二、故障应急处理

广播系统不能自动报站的故障虽然不会影响列车运营,但司机若不能及时、快速地发现故障、应对故障,会给乘客出行带来不便。自动广播不报站的处理介绍如表 7-1 所示。

自动广播不报站的处理操作流程表　　　　　表 7-1

序号	检查内容	操　作	图　示
1	检查广播控制器是否正常	手动按"开始"键,查看是否报站	
2	检查列车广播保险是否跳开	可以进行一次断、合,然后查看功能是否回复正常,若能恢复,可以判断为列车广播瞬时故障	
3	检查另一驾驶室作为广播主控端能否使用自动播报	若不好,应改为人工广播	
4	—	若人工广播也无法使用,应将情况报告行车调度员,按其指示进行(下一站清人掉线或终点站掉线)	

 知识链接

人工广播模式的切换

在"主机"状态下,按"人工"键后,按键指示灯亮,将广播工作模式切换至人工广播状态,主驾驶室的司机便能通过话筒对客室乘客进行人工广播。

点击"监听"键后,按键指示灯亮,还可监听客室广播播音。

图 7-8 为广播控制器的按键及功能说明。

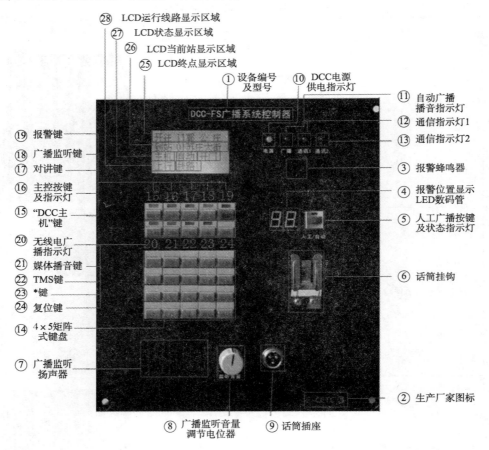

图 7-8 广播控制器的按键及功能说明

三、注意事项及要点总结

列车广播系统是为乘客提供服务的工具之一,更要加以重视,在列车运行过程中认真监听。广播发生故障后司机必须及时处理,并通过人工广播向乘客做好解释,以免造成负面影响。

在以上的操作步骤中,若司机手动按"开始"键后恢复报站,可以判断驾驶室与客室之间的广播通信正常,故障可能在于驾驶室广播控制器未检测到开门信号(控制自动报站功能)

或列车速度信号(控制自动预报站功能),导致自动广播功能失效。这种现象一般为接口板故障造成,可以通过更换故障端驾驶室音频控制器内的接口板来排除,再进行动车试验自动预报站或自动报站功能是否恢复正常。

两端驾驶室均不能进行自动广播、但是可以使用人工广播,这种情况的故障点可能是广播模块故障或广播控制板虚接,需要在掉线后由检修人员使用万用表及相关工具、仪表进行测量,检测电路中各触点状态,确认具体故障点。

若人工广播也无输出,可能的原因是广播控制器模块故障或广播中央控制器故障。

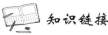

人工广播注意事项

司机在驾驶室中操纵列车运行的过程中,必须时刻关注各节车厢中乘客的状态,通过广播系统与乘客进行良好的沟通。

城市轨道交通作为公共交通运输的组成部分,归根结底是以"服务"为出发点,司机作为地铁运营公司的一员,必须将乘客服务置于工作的出发点,在执勤过程中对乘客真正负起应有的责任,积极主动地与车上乘客进行沟通,正确表达行车必要信息,使乘客获得良好感受,提高服务质量。乘客在乘车过程中,当乘车条件发生变化、其心理要求也会随之变化,因此司机应能掌握乘客乘车的共性心理,同时又能探索和理解乘客的个性心理,避免服务工作的片面性和盲目性。

司机的广播作业能力不仅表现在人工广播的流畅性上,更表现在突发事件发生时,冷静、准确、恰到好处地设计广播词的能力上,使乘客积极配合司机的工作,实现安全运营的目标。

人工广播标准用语。

司机在进行广播时,应尽量使用文明用语如"您、请、谢谢、对不起"等。特殊和紧急情况下的广播内容应首先引起乘客注意,再简单说明情况或原因,最后委婉地提出要求。在实际工作中,司机应能根据具体情况自己快速有效地组织语言,正确进行广播。请针对以下十种情形,练习如何进行人工广播。要求简明扼要、吐字清楚、语言流畅。

(1)区间临时停车超过1min;

(2)车辆发生故障造成临时停车;

(3)列车在站通过;

(4)列车清客;

(5)列车救援;

(6)接到客室报警信息;

(7)列车在区间发生火灾、爆炸等突发事件;

(8)缓解乘客紧张情绪;

(9)列车晚点;

(10)信号设备故障、列车产生紧急制动。

【实训考核与评价】

任　　务	自动广播不报站的应急处理			
班　　级		姓　　名		
考核日期		得　　分		

【考核要点】

1. 能解读故障现象，判断自动广播不报站。
2. 能逐条排查可能导致故障的原因，找出故障点。
3. 在规定时间内做出应急处理，有条不紊、不慌乱。

【考核内容】

考核项目	考核标准	分值	得分
着装	发型标准，服装标准	5	
故障处理	故障点排查正确（与模拟器中预先设置的故障点一致）	30	
	操作动作标准，无违规操作	15	
乘客服务	人工广播用语标准、吐字清晰	30	
时间限制*	在规定时间内完成	10	
表单填写	《电动列车运行故障记录单》填写正确，字迹工整	10	

指导教师意见：

任务完成人签字：　　　　　　　　　　　　　　　日期：　　年　　月　　日

指导教师签字：　　　　　　　　　　　　　　　　日期：　　年　　月　　日

注：*原则上不应超过2min。

任务二　客室 LCD 屏不显示的应急处理

学习情境

2014年10月22日，某城市地铁11号线车辆段内，司机对一列即将出库投入运营的列车进行检查时发现，客室所有的 LCD 屏都处于蓝屏（或黑屏）状态。

工作目标

在规定时间内找出故障点，根据情况做出相应处理。

项目七　广播及乘客信息系统故障应急处理

一、故障现象与分析

1. 故障现象

客室所有 LCD 蓝屏（或黑屏），地图没有通信，无声音，无监控图像。

2. 故障分析

1）客室 LCD 屏显示原理

客室 LCD 屏作为乘客信息显示系统（PIDS）的终端，主要完成以下功能：

(1) 运行信息的实时显示；

(2) 多媒体信息的播放；

(3) 通过车载的无线电视设备，接收地面的数字电视信号并进行实时的播放。

PIDS 系统在车厢与车厢之间构建百兆以太网用于传输视频数据。媒体服务器通过车地无线传输网络从运营控制中心（OCC）接收多媒体信息后缓存，并将数据流进行解码、叠加字符等处理，再进行编码，将编码后的视频数据传到客室媒体网关的客室信息解码器进行解码，解码后分配视音频信号输出至客室的 LCD 显示屏，实现媒体信息的播放显示。另外，PIDS 系统也可以接收列车 TCMS 系统提供的到站信息并实现播放显示。图 7-9 为一个 Tc-M 单元 PIDS 系统原理框图，其余车辆结构类似。

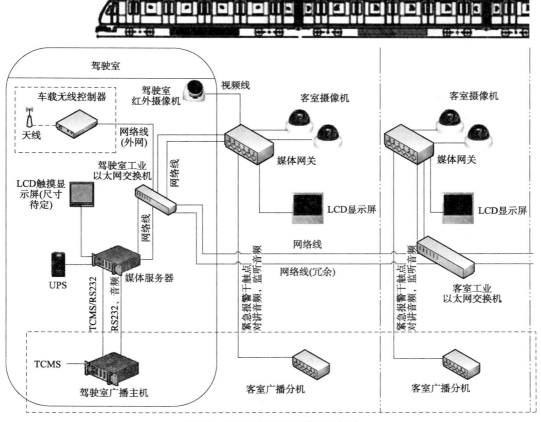

图 7-9　Tc-M 单元 PIDS 系统原理框图

PIDS 系统在每次上电以后,需要大约5min的启动时间,在此期间,不能对操纵台上视频操作单元的按键做任何操作,操作无效、无响应。

2)常见故障判断方法

首先检查电源是否正常,检查线路和网络接口是否正常,检查开关位置是否正确。其次检查软件是否正常。如果某一故障出现多次,并且在系统重新启动后故障消失,可以判断为是软件运行的问题,应考虑刷新软件。此外,PIDS 系统的故障多发生于驾驶室通信板、驾驶室音频板、客室音频板、DC110V/DC12V 电源、DC110V/DC24V 电源等。在日常检查和维护过程中要特别注意上述器件备品的质量,做好随时更换的准备。

二、故障应急处理

全列车所有 LCD 屏都不显示可以判断是客室网络接口故障,或片源没有发出,或片源与分频器之间的信号线连接故障。

处理方法:尝试重启 PIS 电源保险开关(图7-10),若不能消除故障,报告相关部门进行检查和维修。

三、注意事项及要点总结

PIDS 系统故障时,一般先通过重启电源来恢复故障;若是内部模块、接线或通信的问题,则需要由车辆检修人员来核查和完成。

全列客室 LCD 屏不显示(蓝屏或黑屏)有可能需要更换 DC110V/DC12V 电源。若是单个 LCD 显示屏不显示(蓝屏或黑屏),则可能是由于信号传输受干扰,也可能是因为内部模块故障、网络接口故障,或电源、连线故障。在处理时,检查该 LCD 显示屏的电源线和 VGA 线插头座是否牢固(操作时注意插拔的力度,避免用力过大过快,造成对人员的划伤或模块损坏),若确认为电源故障,则更换与该 LCD 相连的电源盒;若电源无故障,则更换编解码器、更换视分板。若单车的 LCD 显示无法与其他车同步动作,则可以判断为该车车辆网络接口电源出现故障。

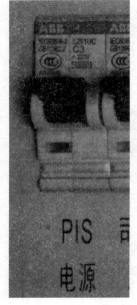

图7-10　PIS 电源保险开关

在对 PIDS 系统进行日常维护时,严禁人为机械冲击操纵台上的司机控制单元按键及系统设备,以免造成损坏,注意保持客室 LCD 显示屏的清洁。

PIDS 系统的常见故障还有媒体播放系统视频流和音频流不同步、画面显示卡阻等,这类故障可以通过软件升级、硬件改良等措施来恢复。

【实训考核与评价】

任　　务	客室 LCD 屏不显示的应急处理		
班　　级		姓　　名	
考核日期		得　　分	
【考核要点】 1. 能解读故障现象,判断客室 LCD 屏显示故障。 2. 在规定时间内做出相应处理:解决故障或上报			

续上表

【考核内容】			
考核项目	考核标准	分值	得分
着装	发型标准,服装标准	5	
故障处理	故障排查正确	40	
	操作动作标准	15	
安全意识	有良好的安全意识	20	
时间限制*	在规定时间内完成	10	
表单填写	《电动列车运行故障记录单》填写正确,字迹工整	10	

指导教师意见:

任务完成人签字: 日期: 年 月 日

指导教师签字: 日期: 年 月 日

注:*原则上不应超过1min。

 思考与练习

一、填空题

1. 在广播系统播放的内容中,最高级别为_____。
2. 若广播系统突然不能进行自动报站,但司机按下"开始"键后恢复报站,故障可能为_____。
3. 在广播控制电路中,驾驶室中的广播控制器会把相关信息发送至_____和_____;客室中的_____一旦被触发,会将信息反馈至广播控制器。
4. 自动广播预报站的原理是广播控制器检测_____信号后发出。

二、简答题

1. 试分析单个 LCD 屏不显示的可能原因。
2. 简述可能导致广播系统故障的原因。
3. 说明全自动广播的控制原理。

项目八　走行部故障应急处理

【项目说明】

　　城市轨道交通车辆的走行部即转向架,位于车体底架和钢轨之间,主要支承车体的垂直载荷,产生并传递牵引力和制动力,引导车辆沿着轨道运行。转向架是车辆的重要组成部分,其结构是否合理将直接影响车辆的运行品质、动力性能和行车安全。

　　走行部的主要故障有:构架裂纹、油压减振器漏油、弹簧悬挂橡胶老化、转向架异音等。通过本项目的学习和训练,学生掌握走行部故障的判断和分析方法,能在规定时间内处理主要故障。

【知识目标】

　　1. 掌握走行部的组成、功能、主要结构。
　　2. 掌握走行部故障的应急处理原则及要求。
　　3. 掌握走行部主要故障的判断和应急处理方法。

【能力目标】

　　1. 能正确判断走行部的相关故障。
　　2. 能按规定进行走行部故障时的应急处置。

【素质目标】

　　1. 培养观察能力。
　　2. 培养安全意识。
　　3. 培养独立分析问题的能力。
　　4. 培养动手解决问题的能力。

【建议学时】

　　4课时:理论2课时,实训2课时。

【实训条件】

　　车辆转向架。

知识准备：走行部工作原理

列车的走行部主要指转向架，每辆车有两台转向架。转向架是支承车体并担负车辆沿着轨道走形的装置，用来传递各种载荷，并利用轮轨间的黏着保证牵引力的产生，是城市轨道交通车辆最重要的组成部件之一。转向架结构性能的好坏直接影响着列车的牵引能力、运行品质、轮轨的磨耗和列车的安全。

根据是否安装驱动设备，转向架分为动车转向架和拖车转向架，两者的主要区别在于动车转向架安装有牵引电机、齿轮箱和联轴器等，而拖车转向架没有。两者的其余大部分相同结构部件都可以互换，以保证检修方便。

1. 转向架的主要功能

转向架的主要功能有：

（1）支承车体，承受并传递来自车体与轮对之间或钢轨与车体之间的各种载荷及作用力，并使轴重均匀分配；

（2）保证必要的黏着，适应轮轨接触状态的变化，把轮轨接触处产生的轮轴牵引力传递给车体、车钩缓冲装置，传递牵引力和制动力；

（3）保证列车安全沿着轨道运行及顺利通过曲线；

（4）便于弹簧减振装置的安装，缓和线路不平顺对列车的冲击，以确保列车具有较好的运行平稳性和稳定性；

（5）悬挂装置可根据客流的变化调整其刚度，以保证列车的客室地板面与站台面的高度相协调，方便乘客的乘降；

（6）对动力转向架来说，还要便于安装牵引电机及传动装置，以提供驱动车辆的动力。

2. 转向架的结构

一般城市轨道交通车辆的转向架采用二轴构架式转向架，并普遍采用无摇枕结构。每个转向架的两个空气弹簧支承着车体的质量，能有效降低振动和冲击，使乘客的乘坐更加舒适。一系悬挂主要有金属螺旋弹簧、人字形橡胶弹簧或圆锥形金属橡胶弹簧三种结构形式，可使转向架安全的通过不规则的线路，减少车轮通过曲线时的磨耗，同时确保车辆的稳定性。二系悬挂位于车体与构架之间，普遍采用空气弹簧加橡胶金属层叠弹簧构成，使列车获得良好的垂向性能和横向性能。在车体和转向架之间采用牵引拉杆传递牵引力和制动力。

动车转向架的每根车轴都由一台交流牵引电动机驱动。牵引电动机刚性安装在构架横梁上，齿轮箱的一端通过滚子轴承支承在车轴上，另一端通过装有橡胶节点的吊杆悬挂在构架横梁上。在牵引电动机和减速齿轮箱之间采用弹性齿式联轴节传递扭矩。

除了使用牵引电动机的电制动系统外，转向架上还配有机械基础制动系统。每台转向架上装有四套踏面制动或盘形制动单元，其中有两套是带有弹簧装置的停放制动单元。制动缸在压缩空气作用下施加制动或缓解，带停放的制动单元在构架的两侧均可以进行手动缓解。除制动闸瓦或制动夹钳的闸片外，转向架上极少采用磨耗件。

动车转向架结构如图 8-1 所示，拖车转向架结构如图 8-2 所示。

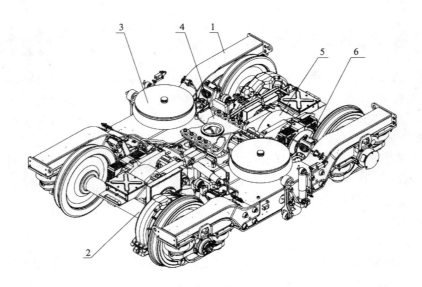

图 8-1　动车转向架

1-构架;2-动车轮对轴箱装置;3-二系悬挂装置;4-牵引装置;5-驱动装置;6-基础制动装置

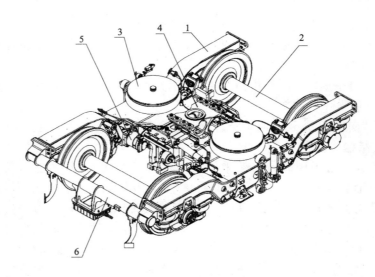

图 8-2　拖车转向架(头车 1 位端)

1-构架;2-拖车轮对轴箱装置;3-二系悬挂装置;4-牵引装置;5-基础制动装置;6-天线设备安装

3. 转向架的常见故障

转向架是列车的走行部,是承载车体质量、传递牵引力和制动力的重要部件,转向架发生故障应立即采取措施进行处理,以保证运营安全。转向架主要故障有构架裂纹、轮对踏面异常磨耗、轴箱异音、牵引装置故障、齿轮箱漏油、高度调整杆松动或脱落等问题,故障产生的原因既有结构设计上的,也有制造工艺和材质选用以及安装质量的问题。在日常的维护和检修中,必须加强转向架的检查,对关键部位、故障多发部位重点注意,以防在列车运营过程中,出现问题影响列车安全运行,降低乘客服务质量,给运营单位带来不良影响。

项目八　走行部故障应急处理

任务　车轮不转的应急处理

 学习情境

2014年12月20日,某城市地铁2号线上××列车在区间正常运行过程中,司机感觉牵引阻力大,车站值班员反映列车走行部有异响。与行车调度员联系后,维持列车运行至前方车站停车处理。

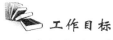 工作目标

在规定时间内找出故障点、判断故障严重程度,应根据情况做出相应处理。

一、故障现象与分析

1. 故障现象

列车运行中有较强后缀感,降速快,在下坡道上不带闸停留时列车不溜车。

2. 故障分析

导致车轮不转故障的原因可能是单元制动装置将轮对卡死;若是动车转向架的车轮不转,那么原因也可能是驱动装置出现问题。

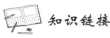 知识链接

基础制动装置的间隙自动调整

1. 闸瓦制动单元

闸瓦制动也称踏面制动,其单元装置安装在构架侧梁上,常用制动缸(图8-3)和带停放制动缸(图8-4)采用对角布置。

图8-3　常用制动缸

图8-4　带停放制动缸

每个制动缸上配备了两片复合制动闸瓦,所有单元制动缸内均设有闸瓦间隙自动调整器,当由于闸瓦或车轮的磨耗使闸瓦和车轮的间隙大于规定值时,闸瓦间隙调整器就会自动

动作,保证闸瓦间隙始终保持在规定的范围内。

2. 盘形制动单元

盘形制动单元采用制动盘和制动夹钳作为一对摩擦副。每个单元制动缸内设有闸片间隙自动调整器,当闸片和制动盘的磨耗过大时,闸片间隙调整器就会自动动作,使制动盘面及闸片之间的距离保持在1.5mm左右。闸片与闸片托之间采用燕尾槽的安装方式,有专用的锁定机构,能够方便安装和更换闸片。

二、故障应急处理

1. 列车监控系统未显示异常时

(1)司机找出故障处所,可能时查出故障原因,无法排除时,将故障车 VVVF 电源保险开关断开。在保证安全的情况下,低速维持运行,立即申请就近入库或清人回段。

(2)双司机工作时,副司机在故障点监视故障部件变化,发生危及行车安全时要及时通知司机。

(3)故障发生在动车时将故障车电气控制柜牵引、制动控制保险开关断开,低速运行,尽快驶入库线。

(4)有条件的情况下,对故障车车轮进行滴注润滑脂(轴油或肥皂水)。

2. 列车监控系统显示异常时

(1)司机根据列车监控显示屏显示,对故障车进行单元切除,找出故障处所,尽可能查出故障原因并进行处理。如果查明是列车带闸,则按制动不缓解处理。

(2)无法排除故障时,在保证安全的情况下,低速维持运行,立即向行车调度员申请就近入库或清人回段。

三、注意事项及要点总结

车轮发生机械故障造成不转的情况较少,但影响巨大,原因会造成严重后果对车辆、钢轨均有较大伤害,钢轨、车轮均会有擦伤,车辆会出现较大异音异味。通常情况下,列车在停车制动时,如果施加的制动力大于正常的黏着力,轮轨间黏着关系遭到破坏,车轮就会被单元制动装置(闸瓦或制动夹钳)抱死,列车在钢轨上出现打滑现象。轮轨间的剧烈摩擦使轮对踏面行车近似椭圆形的伤痕,这就是轮对擦伤。摩擦产生的高温使踏面金属组织变硬变脆,在列车轮轨多次载荷冲击作用下,较浅的擦伤可能由于钢轨磨耗而消失,较深或多次反复擦伤可能发展为踏面剥离,严重降低车轮使用寿命。

司机若判断故障为车轮不转,不可盲目运行,应及时与行车调度员联系,按其指示办理。

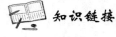

轴箱有异音的故障

列车在运行过程中,轴箱处出现异响的原因之一是轴箱内缺少润滑油,致使轴承转动部件之间产生摩擦,这是因为轴承部件损坏,造成轴承无法正常工作,产生异音。这种情况的潜在危害比较大,要及时找出原因并进行处理。

项目八 走行部故障应急处理

【实训考核与评价】

任　　务	车轮不转的应急处理		
班　　级		姓　　名	
考核日期		得　　分	

【考核要点】

1. 能解读故障现象，判断走行部实际工作状态。
2. 能判断故障地点。
3. 在规定时间内能熟练进行故障排除操作。
4. 能正确判断请求救援的状况。
5. 处理过程中，有条不紊、不慌乱

【考核内容】

考核项目	考核标准	分值	得分
着装	发型标准，服装标准	5	
故障处理	故障地点判断正确	30	
	操作动作标准，无违规操作	20	
乘客服务	有为乘客做好解释的意识	10	
安全意识	在车下操作时，有良好的安全意识	15	
时间限制*	在规定时间内完成	10	
表单填写	《电动列车运行故障记录单》填写正确，字迹工整	10	

指导教师意见：

任务完成人签字：　　　　　　　　　　　　　　　　　　日期：　　年　　月　　日

指导教师签字：　　　　　　　　　　　　　　　　　　　日期：　　年　　月　　日

注：＊原则上不应超过5min。

思考与练习

一、填空题

1. 轮对与构架之间的弹簧悬挂装置为_____。
2. 构架与车体之间的弹性悬挂装置为_____。
3. 驱动装置只安装在_____上。
4. 在使用闸瓦制动的转向架上，所有单元制动缸内均设有_____，保证闸瓦与车轮踏面之间的间隙始终在规定范围内。
5. 若运行中的列车发生车轮不转，在有条件的情况下，司机可对故障车车轮_____。

二、简答题

1. 车轮不转可能导致哪些严重后果？
2. 列车走行部的重要性体现在哪些方面？

附录 中英文对照表

英文缩写	英文全称	中文名称
PWM	Pulse Width Modulation	脉冲宽度调制
VVVF	Variable Voltage and Variable Frequency	牵引逆变器
HB	High Speed Circuit Breaker	高速断路器
TCMS	Train Control and Management System	列车控制与管理系统
DCU	Drive Control Unit	牵引控制单元
VCM	Vehicle Control Module	车辆控制模块
MVB	Multifunction Vehicle Bus	多功能车辆总线
ATO	Automatic Train Operation	列车自动驾驶
ATP	Automatic Train Protection	列车自动防护
ATS	Automatic Train Supervision	列车自动监控
ATC	Automatic Train Control	列车自动控制
MC	Master Controller	司机控制器
EB	Emergency Brake	紧急制动
LB	Line Breaker	接触器
BHB	Bus High Speed Breaker	母线高速断路器
BCU	Brake Control Unit	制动控制单元
EBCU	Electronic Brake Control Unit	电子制动控制单元
PBCU	Pneumatic Brake Control Unit	气制动控制单元
BC	Brake Cylinder	制动缸
EDCU	Electric Door Control Unit	电子门控单元
CBTC	Communication Based Train Control System	基于无线通信的列车自动控制系统
SIV	Static Inverter	辅助逆变器/静止逆变器
VCU	Vehicle Control Unit	列车控制单元
PIS	Passenger Information System	广播及乘客信息系统
PIDS	Passenger Information Display Systems	乘客信息显示系统
CCTV	Closed Circuit Television	视频监控系统
OCC	Operating Control Center	运营控制中心

参 考 文 献

［1］王治根,马仲智.城市轨道交通车辆常见故障及处理［M］.重庆:重庆大学出版社,2013.
［2］张立常,康鹏.城市轨道交通车辆电路分析与电气故障处理［M］.北京:机械工业出版社,2012.
［3］殳企平.城市轨道交通车辆制动技术［M］.北京:中国水利水电出版社,2011.
［4］上海申通地铁集团有限公司轨道交通培训中心.城市轨道交通电动列车驾驶［M］.北京:中国铁道出版社,2010.
［5］王伯铭.城市轨道交通车辆工程［M］.成都:西南交通大学出版社,2007.
［6］中华人民共和国教育部.中等职业学校专业教学标准(试行)交通运输类(第一辑)［M］.北京:高等教育出版社,2014.